Lecker, leicht,

# vegan!

**Herrliche Rezepte für jeden Tag**

Ilka Irle

# Lecker, leicht, vegan!

Herrliche Rezepte für jeden Tag

# Inhalt

Vorwort
Foto: Nicole von Ravenstein

# Der Schritt ist kleiner, als man denkt

„Was isst du denn dann?“, und: „Bekommst du keine Mangelerscheinungen?“, sind nur zwei Fragen, die ich immer wieder gestellt bekomme, wenn bekannt wird, dass ich Veganerin bin. Das „Warum“ beinhaltet dann oft die unterschwellige Aussage: „Bist du verrückt? Warum tust du dir so etwas an?“ Meine Antwort beschränkt sich meist auf: „Ich will nicht, dass Tiere meinetwegen leiden müssen“, da die Fragenden oft eigentlich gar keine ausführliche Antwort hören wollen. Es gibt allerdings auch einige Nichtvegetarier/-veganer, die dem Ganzen mit viel Offenheit und Interesse gegenüberstehen.

Ich bin nun seit über drei Jahren Veganerin. Alles begann in der neunten Klasse im Gartenbauunterricht der Rudolf-Steiner-Schule. Wir behandelten Themen wie Massentierhaltung, Schlachtung und die Verschwendung von Lebensmitteln. In der neunten Klasse, in der man üblicherweise ein landwirtschaftliches Praktikum auf einem Demeterhof absolviert, machte ich mich mit meiner Freundin in die Schweiz auf. Zu dieser Zeit aß ich noch mit Freude Fleisch, Fisch, Eier und Milchprodukte. Irgendwann fand ein Grillfest statt. Auf diesem wurden auch die drei Schweine verzehrt, die noch bei unserer Ankunft auf dem Hof lebten. Da ich das nicht wusste, aß auch ich davon. Als mich meine Freundin darauf hinwies, regte sich irgendwo ganz tief in mir ein Unbehagen, das ich jedoch zu unterdrücken versuchte. Nach drei Wochen Kühemelken, Kälbertreiben, Ställemisten, Heueinholen, Holunderblütensammeln und Käsemachen nahmen wir Abschied von der Schweiz und ließen sie in guter Erinnerung zurück.

Wieder zu Hause angekommen, wurde mir irgendwann bewusst, dass das Fleisch, das ich aß, nicht von „glücklichen“ Tieren kam, die auf einer grünen Almwiese stehen konnten und im Stall relativ viel Platz hatten. Da entschloss ich mich, weder Fleisch noch Fisch noch Lebensmittel mit Gelatine zu essen. Außerdem wollte ich überhaupt nicht mehr am Mord anderer Lebewesen schuld sein. Nach und nach verzichtete ich auch auf Milchprodukte, Eier und andere tierische Produkte. Als beginnender Veganer war ich der Meinung, nur noch wenig essen zu können, was sich aber schnell als Irrtum herausstellte.

Ich bin froh, den Schritt zum Veganismus gemacht zu haben, und dankbar, dass die Grundsteine zur biologischen Ernährungsweise schon früh gelegt wurden. Mittlerweile habe ich schon lange nicht mehr das Bedürfnis, Käse oder andere tierische Produkte zu essen. Das Einzige, was mich stört, ist das ständige Rechtfertigenmüssen und das Eingeschränktsein in der Öffentlichkeit. Überall muss man auf der Hut vor lauernden Milchprodukten oder versteckten Eiern sein. Aber das bin ich bereit in Kauf zu nehmen, wenn ein Tier weniger gequält wird. Ich verurteile niemanden, der kein Veganer ist; ich wünsche mir nur mehr Akzeptanz und Offenheit. Was ich nicht akzeptiere, sind allerdings Nichtveganer, die Veganer kritisieren, die doch einmal ein Glas Wein trinken oder ihre alten Lederschuhe tragen. Meiner Meinung nach zählt schon der kleinste Schritt, und dieser sollte respektiert werden.

Die vegane Ernährung hat mein Leben vielleicht nicht einfacher gemacht, aber bereichert. Ich kann nur jedem ans Herz legen, sich dieser Lebensform zu öffnen, nicht nur der Tiere wegen, sondern auch der Umwelt, dem Welthungerproblem, der eigenen Gesundheit und dem eigenen Gewissen zuliebe. Es ist vielleicht kein „Katzensprung“, aber der Schritt ist kleiner, als man denkt.

Ilka Irle im Februar 2013

# Eine Menge guter Gründe, vegan zu leben

Foto: Shutterstock, Lisa S.

## Tiere leiden ...

... für jeden, der Fleisch, Wurst oder Käse isst, Milch trinkt, Lederschuhe trägt oder tierversuchsgetestete Kosmetik und andere Produkte konsumiert. Mit dem Konsum von tierischen Produkten tragen wir zu einer Grausamkeit gegenüber Tieren bei, die ihresgleichen sucht. Das ist umso schlimmer, wenn man bedenkt, dass viele Tiere wesentlich intelligenter sind, als einige von uns wahrhaben wollen, und ein ausgeprägtes Sozialverhalten zeigen. Wer sich für dieses Thema interessiert, bekommt ausführliche Informationen über www.peta.de.

## Umwelt und Menschen leiden

Die tierische Landwirtschaft der USA produziert 130-mal mehr Fäkalien als alle Menschen dort zusammen, und die deutsche Landwirtschaft produziert pro Jahr fast genauso viele Treibhausgase wie der gesamte Straßenverkehr. Die Fleischproduktion verbraucht enorme Mengen Energie für das Säen, Düngen, Ernten und Transportieren von Futter und Schlachtvieh. Die Produktion von 1 Kilogramm Fleisch benötigt bis zu 20 000 Liter Wasser, etwa 14-mal so viel wie ein Veganer pro Tag durchschnittlich für seine Ernährung braucht.

Ein Fleischesser verbraucht auf lange Sicht mehr Pflanzen als ein Veganer. Um 1 Kilogramm Fleisch zu produzieren, werden 16 Kilogramm Pflanzen als Nutztiernahrung benötigt. Diese Nahrung wird größtenteils in armen Ländern angebaut und die indigenen Völker werden dadurch ihrer Lebensgrundlage beraubt. Die Nahrung sowie die riesigen Anbauflächen stehen der hungernden Bevölkerung nicht mehr zur Verfügung. Während die Nutztiere gefüttert werden, verhungern Millionen Menschen auf der Welt.

Bei einem weltweiten Fischverbrauch von 90 Millionen Tonnen pro Jahr sind viele Fischarten vom Aussterben bedroht. Die Schleppnetz-Fischdampfer zerstören alles, was ihnen im Weg ist. Für die Ernährung von 1 Kilogramm Zuchtfisch braucht man ungefähr 4 Kilogramm Wildfische. Oft sind die Fischfarmen unzureichend von Flüssen und Meeren abgetrennt, und Antibiotika und Chemikalien, mit denen die Tiere behandelt werden, geraten in wilde Gewässer. In den USA und Kanada sind gentechnisch veränderte Fische keine Zukunftsmusik mehr. Sollte dem Antrag dieser Länder zur Marktzulassung stattgegeben werden, bedeutet das katastrophale Folgen, wenn einer dieser Gen-Fische aus den Aquakulturen ausbricht und sich mit Wildfischen paart. Und davon ist auszugehen.

## Gesundheit

Zahlreiche Studien belegen, dass vegane Ernährung selbst für Schwangere und Säuglinge gesund ist. Pflanzliche Nahrung bietet alles, was der Mensch braucht, und soll sogar das Risiko für viele lebensbedrohliche Krankheiten stark senken. Nitrite und Nitrate, gesättigte Fettsäuren und Hormone im Fleisch können die Zellvermehrung erhöhen, die DNA schädigen, die Zellschädigung durch freie Radikale fördern und für einen erhöhten LDL-Cholesterinspiegel sorgen. All diese Faktoren können zu Krebs, Herzinfarkt, Arteriosklerose, Schlaganfall, Thrombose und vielen weiteren Krankheiten führen. Auch Adipositas, Osteoporose, Arthritis und Diabetes können durch eine pflanzliche Ernährung reduziert oder verhindert werden. Tierprodukte enthalten außerdem häufig Dioxine, Pestizide und Krankheitserreger wie E. Coli (Escherichia Coli), Salmonellen und Campylobacter. In Europa sterben jährlich Tausende Menschen an multiresistenten Keimen, die durch den massiven Antibiotikaeinsatz entstehen und dafür sorgen, dass Antibiotika nicht mehr wirken.

Auch die Milch ist nicht so gesund, wie uns die Milchindustrie jahrelang weisgemacht hat. Osteoporose wird gerade bei Milchkonsumenten am häufigsten beobachtet. Außerdem leidet jeder Zweite unter Laktoseintoleranz. Milch enthält oft Spuren von Antibiotika, Medikamenten und Hormonen.

Ob Veganer oder Fleischesser – eine ausgewogene Ernährung ist für jeden notwendig, um so alle nötigen Vitamine, Mineralstoffe und Aminosäuren aufzunehmen, die der Körper braucht. Pflanzliche Eiweißlieferanten sind beispielsweise Hülsenfrüchte und viele Getreideprodukte. Calcium ist in vielen Gemüsesorten wie Grünkohl, Spinat und Mangold reichlich enthalten. Eisenmangel tritt bei Veganern nicht öfter auf als bei Fleischessern, denn grüne Blattgemüse, Vollkorngetreide, Samen, Hülsenfrüchte und Soja können den Bedarf decken.

Das Thema Unterversorgung mit Vitamin $B_{12}$ ist besonders kontrovers. Vitamin $B_{12}$ ist unter anderem für das Nervensystem und das Zellwachstum sehr wichtig und hauptsächlich in Fleisch, Fisch, Milch und Eiern enthalten, in geringen Mengen aber auch in Sauerkraut, fermentierten Sojaprodukten und Algen. Zur Aufnahme von Vitamin $B_{12}$ braucht man ein Eiweiß namens Intrinsic Factor, und dieses fehlt manchen Menschen. Obwohl der Mensch nur relativ geringe Mengen an Vitamin $B_{12}$ braucht und es lange gespeichert wird, sollten sich also sowohl Veganer als auch Nichtveganer regelmäßig untersuchen lassen. Ein Mangel kann sich beispielsweise in Schädigungen des Nervensystems, Gedächtnisschwächen und Depressionen zeigen.

Foto: Nicola van Ravnestein

# Vorsicht, getarnt!

Veganer sein bedeutet, hinter die Fassade zu schauen. Es ist oft undurchsichtig, was vegan ist und was nicht, und wenn man sich nicht gut informiert, dann isst oder trinkt man Tiererzeugnisse, ohne es zu merken. Selbst die gesundheitliche Unbedenklichkeit der E-Nummern wird in Tierversuchen getestet. Unter www.zusatzstoffe-online.de/home erfährt man alles über Inhaltsstoffe, Herstellung und Einsatz der E-Nummern. Man lernt auch, dass sogar der Einsatz gentechnisch veränderter Organismen in E-Nummern möglich ist. Deshalb haben wir hier in der folgenden Liste auf die E-Nummern verzichtet.

Wer ganz sichergehen will, achtet beim Kauf von Produkten auf das „V-Label“ beziehungsweise die „Veganblume“. Aber aufpassen, es gibt bereits nachgemachte Label, die nicht geschützt sind und diesen ganz ähnlich sehen! Also besser immer auf die Zutatenliste schauen.

| | |
|---|---|
| Alkohol | • **Bier** kann durch → Hausenblase (getrocknete Schwimmblase einer Fischart) geklärt sein. Bei importierten Biersorten können auch Ei-Eiweiß, Knochenasche oder Gelatine zur Klärung verwendet werden.<br>• **Campari** hat seine Farbe durch → Karmin (Roter Farbstoff aus Cochenille-Schildläusen).<br>• **Wein** kann durch → Gelatine, Albumin (Protein, auch in Milch, Eiern und Blut) → Kasein oder → Hausenblase geklärt sein.<br>• **Whisky, Wodka** u. a. kann durch Tierkohle gefiltert sein. |
| Backwaren | • In Brezeln kann Schweineschmalz enthalten sein.<br>• Backbleche können mit tierischem Fett gefettet werden.<br>• Brot und Brötchen aus der Bäckerei enthalten häufig Milch, Butter oder andere tierische Fette, Quark oder Ei.<br>• Sauerteig kann Milchsäure enthalten.<br>• Auch Vollkornbäckereien verwenden häufig → Backferment (wird auf Honigbasis hergestellt). |
| Essig | • Obstessig kann aus → Apfelsaft hergestellt sein.<br>• Weinessig: → Wein<br>• Ungeklärter und naturtrüber Essig ist normalerweise unbedenklich. |
| E-Stoffe | • → Online-Datenbank: www.zusatzstoffe-online.de |
| Gemüse | • → Hornspäne (stickstoffhaltiger Dünger aus dem geschroteten Horn von Schlachtvieh) und Blutmehl werden auch in der ökologischen Landwirtschaft zum Düngen verwendet. |
| Gemüsebrühe | • Kann → Aromastoffe aus Rinderfett oder → Molke sowie → Natriumglutamat (kann tierischen Ursprungs sein) enthalten. |
| Kasein | • Kasein besteht aus Milcheiweiß und kann in Sojaprodukten (Sojakäse, Sojasahne) enthalten sein. |
| Käse | • Es gibt sehr viele vegane Käsesorten. |
| Margarine | • Enthält heute häufig tierisches Fett wie → Molke, Fischöl, Rindertalg oder Schweineschmalz. |
| Oliven | • Können → Milchzucker enthalten. |
| Saft | • Klare Säfte können mittels → Gelatine geklärt oder mit → Karmin gefärbt sein. Naturtrübe Säfte bevorzugen! |
| Sauerkraut | • Bei kommerziell hergestelltem Sauerkraut wird meist Milchsäure zugesetzt. |
| Senf | • Kann → Zucker, Honig → Molke, Weinessig usw. enthalten. |
| Zucker | • Beim Raffinieren von Zucker kann Tierkohle als Entfärber eingesetzt werden. |

# Vegane Alternativen

Foto: Shutterstock/discpicture

Für tierische Zutaten gibt es zahlreiche pflanzliche Alternativen, die Sie in Supermärkten, Reformhäusern, Biomärkten oder in veganen Versandhäusern finden (siehe Bezugsquellenliste). Diese Tabelle erhebt keinen Anspruch auf Vollständigkeit.

| Original | Alternative |
|---:|---|
| Butter | • Vegane Margarine ohne Palmfett<br>• Kalt gepresstes Pflanzenöl (z. B. Olivenöl, Walnussöl oder Sonnenblumenöl) aus kontrolliert ökologischer Herstellung |
| Eier (zum Binden) | • Für viele Backwaren sind Eier nicht nötig, man sollte es also zunächst einmal ohne probieren. Wenn nicht anders möglich, lassen sie sich leicht wie folgt ersetzen:<br>• Pro Ei:<br>- 1 EL Agar-Agar<br>- 1 EL Johannisbrotkernmehl<br>- 1 EL Guarkernmehl<br>- 1 EL Ei-Ersatzpulver<br>- 1 EL Sojamehl<br>• Pfeilwurzelmehl (Îi Kuchen auf 500 g 4 EL, für Cremes 80 g auf $^{1}/_{2}$ l Flüssigkeit, für Soßen 40 g<br>• 1 TL pürierter Tofu<br>• 1 EL Tomatenmark<br>• 3 EL Apfelmus<br>• $^{1}/_{2}$ Banane |
| Eier (zum Panieren) | • 1 EL Kichererbsenmehl (zum Panieren gut würzen und mit Wasser verrühren, bis eine zähflüssige Masse entsteht, man kann auch Dinkelmehl nehmen, aÎr kein Vollkorn, das hat nicht so gute KleÎeigenschaften). |
| Eier (zum Gehenlassen und Lockern) | • Mineralwasser statt Wasser<br>• Pro Ei:<br>- 1 EL Sojamehl und 1 EL Wasser mixen<br>- 2 EL fein gemahlener Leinsamen und 2 $^{1}/_{2}$ EL Wasser vermischen, es muss eine zähflüssige schaumige Masse entstehen.<br>- 3 EL Kürbismus<br>- 3 EL Apfelmus und $^{1}/_{2}$ TL Backpulver<br>- $^{1}/_{2}$ Banane und $^{1}/_{2}$ TL Backpulver<br>- 1 EL Ei-Ersatzpulver aufgeschlagen mit Wasser |
| Fisch | • Es gibt viele Alternativen für Fischgerichte aller Arten. Diese Gerichte werden meistens aus Soja, Weizen (Seitan) oder Lopino® hergestellt.<br>• Meeresalgen, z. B. Noriblattalgen (gibt es auch fertig geröstet und gesalzen), zerkleinern und zu den Gerichten geben, schon schmeckt es nach Fisch. Algen sind sehr jodhaltig und können Schilddrüsenkrankheiten vorbeugen, man darf aber nicht zu viele davon essen. |

| Original | Alternative |
|---|---|
| Fleisch | • Tofu in jeder erdenklichen „Fleisch"-Form<br>• Lopino®, auch als „Filet", „Schnitzel", „Gyros" u. a.<br>• Seitan (Weizeneiweiß) hat eine ähnliche Konsistenz wie Hühnchen. |
| Gelatine | • Agar-Agar<br>• Apfelpektin<br>• Carrageen<br>• Guarkernmehl |
| Honig | • Agavendicksaft<br>• Ahorndicksaft<br>• Obstdicksaft<br>• Rübensirup |
| Käse | • Es gibt zahlreiche vegane Käsesorten in Biomärkten, Reformhäusern und im Versandhandel, man kann aber auch vieles selbst herstellen, z. B. „Mozzarella" und „Parmesan". |
| Milch | • Cashewdrink<br>• Haferdrink<br>• Hirsedrink<br>• Kokosdrink<br>• Mandeldrink<br>• Reisdrink<br>• Sojadrink |
| Quark | • Sojajoghurt |
| Sahne | • Cuisine (Hafer, Reis, Mandel, Cashew oder Soja) für Suppen, Soßen, Salate u. a.<br>• Aufschlagbare vegane Sahne<br>• Vegane Sprühsahne |
| Speck | • Liquid Smoke (kondensierter Rauch)<br>• Smoked Spanish Paprika (geräuchertes Paprikapulver) |
| Wurst | • Pflanzliche Brotaufstriche sind in großer Auswahl erhältlich, z. B. „Leberwurst", „Schmalz", „Mortadella", „Salami", „Schinken". |
| Zucker | • Vollrohrzucker<br>• Agavendicksaft<br>• Ahorndicksaft<br>• Obstdicksaft<br>• Rübensirup<br>• Vegane Zuckeraustauschstoffe (Fruchtzucker, Sorbit, Stevia, Birkenzucker, Isomalt usw.) |

# Mozzarella selbst machen

## Zutaten (ergibt 650 g)

400 g Seidentofu
250 ml Cuisine (Hafer, Reis oder Soja)
1 abgezogene Knoblauchzehe
1 TL Zwiebelpulver
1 TL Zitronensaft
4 TL Agar-Agar (Wirkung variiert je nach Marke, bitte auf Packungsangabe achten!)
1 TL Salz
Pfeffer aus der Mühle
3 TL Tahini (Würzpaste)
1 TL Kräuter der Provence oder andere Kräuter und Gewürze nach Geschmack (es gibt tolle Gewürzmischungen)

## Zubereitung

Alle Zutaten in einen Mixer geben und gründlich pürieren, bis keine Klumpen mehr vorhanden sind.

Die Masse in einen kleinen Topf geben und unter ständigem Rühren ein paar Minuten aufkochen, bis die Masse dick wird. Noch einmal im Mixer durchpürieren, wieder in den mit kaltem Wasser ausgespülten Stieltopf oder eine andere Form geben und kalt stellen.

Der „Mozzarella" wird schnell fest und kann danach gestürzt und in einer verschließbaren Dose im Kühlschrank ein paar Tage aufbewahrt werden. Man kann ihn in Scheiben schneiden, als Brotbelag essen oder zum Überbacken und für Pizza verwenden.

Zubereitungszeit: ca. 2 Stunden inkl. Erkalten

**Pro 100 g:** 130 Kilokalorien | 5 g Eiweiß | 11 g Fett | 3 g Kohlenhydrate

# Blitzgerichte

# Bruschetta mit geröstetem Knoblauchciabatta

## Zutaten für 4 Personen

1 kg reife Tomaten
2–3 Schalotten
4–5 Knoblauchzehen
1 Bund Basilikum
Salz und Pfeffer aus der Mühle
1 TL Zucker
etwa 150 ml Olivenöl
250 g „Mozzarella“ (gekauft oder selbst gemacht, siehe Seite 15)
2 Ciabattabrote (à 300 g)

## Zubereitung

Tomaten waschen, würfeln und in eine Schüssel geben. Tomaten etwa 5 minuten stehen lassen. Die angesammelte Flüssigkeit vorsichtig abgießen.

Schalotten und 3–4 Knoblauchzehen schälen und fein würfeln. Basilikum waschen, trocken tupfen, Blättchen abzupfen, einige zum Garnieren beiseitelegen und den Rest hacken. Schalotten, Knoblauch und gehacktes Basilikum zu den Tomaten geben. Mit Salz, Pfeffer und Zucker würzen, 8 EL Olivenöl hinzufügen und durchziehen lassen.

„Mozzarella“ in Scheiben schneiden.

Ciabatta in Scheiben schneiden, auf ein Backblech legen und mit restlichem Olivenöl dünn bestreichen. Im Ofen nach Packungsanweisung knusprig backen. Herausnehmen. Restliche Knoblauchzehe halbieren und die Brotscheiben damit einreiben.

Kalte Tomatenmischung auf dem Ciabatta verteilen und mit „Mozzarella“ belegen. Mit Basilikum garnieren.

Zubereitungszeit: ca. 20 Minuten

Die **Bruschetta** schmecken auch warm sehr gut. Einfach die belegten Brotscheiben auf ein Backblech legen und im vorgeheizten Backofen bei 200 °C 5–10 Minuten goldbraun überbacken.

**Pro Person:** 820 Kilokalorien | 17 g Eiweiß | 47 g Fett | 83 g Kohlenhydrate

# Spargelcappuccino

## Zutaten für 4 Personen

500 g Spargel
1 Schalotte
1 Knoblauchzehe
1 EL Walnussöl
50 ml Weißwein
600 ml Gemüsebrühe
200 ml Mandeldrink
Salz und schwarzer Pfeffer aus der Mühle
frisch geriebener Muskat
gehackte Pistazien für die Garnitur

## Zubereitung

Spargel schälen und in kleine Stücke schneiden.

Schalotte und Knoblauchzehe schälen und hacken. Alles zusammen im heißen Öl anschwitzen und mit Weißwein ablöschen.

Brühe angießen und das Ganze etwa 20 Minuten kochen.

Inzwischen 150 ml Mandeldrink im warmen Wasserbad aufschäumen. Restliche Mandelmilch in die Suppe geben und fein pürieren. Mit Salz, Pfeffer und Muskat abschmecken. Cappuccino auf vorgewärmte Teller verteilen und etwas warmen, aufgeschäumten Mandeldrink daraufgeben. Mit Pistazien bestreut servieren.

Zubereitungszeit: ca. 30 Minuten

Zu diesem leichten Spargelcappuccino schmeckt sehr gut ein **Bärlauchbrot.** Dafür einfach je nach Appetit einige Scheiben kräftiges Landbrot mit veganer Margarine bestreichen. Dann Bärlauch waschen, trocken schütteln und etwas fein schneiden. Die Brotscheiben damit belegen.

Pro Person: 130 Kilokalorien | 4 g Eiweiß | 9 g Fett | 6 g Kohlenhydrate

# Buntes Gemüse mit kleinen Kartoffeln

## Zutaten für 4 Personen

500 g festkochende kleine Kartoffeln
3 rote Paprika
400 g Möhren
2 EL frischer Thymian
500 ml Gemüsebrühe
400 g TK-Rosenkohl
5 EL Olivenöl
3 EL Tomatenmark
1 EL Vollkorndinkelmehl
Salz und Pfeffer aus der Mühle
Chiliflocken
2 TL Paprikapulver
150 ml Cuisine (Hafer, Reis, Nuss oder Soja)

## Zubereitung

Kartoffeln schälen, waschen und grob würfeln. Paprika halbieren, waschen, entkernen und in mundgerechte Stücke schneiden. Möhren schälen und in Scheiben schneiden. Thymianblättchen hacken.

Kartoffeln und Rosenkohl in die kochende Gemüsebrühe geben, nach 5 Minuten Möhren und nach weiteren 5 Minuten Paprika hinzufügen. Noch einmal 5 Minuten garen.

Gemüse abgießen und dabei den Fond auffangen. Öl in einem Topf erhitzen, Tomatenmark und Mehl unter ständigem Rühren dazugeben, nach und nach die Gemüsebrühe hinzufügen und 5 Minuten kochen.

Soße mit Salz, Pfeffer, Chiliflocken, Paprikapulver und Thymian abschmecken und Cuisine unterrühren. Das Gemüse mit der Soße vermischen und servieren.

Zubereitungszeit: ca. 30 Minuten

Pro Person: 370 Kilokalorien | 10 g Eiweiß | 22 g Fett | 31 g Kohlenhydrate

# Tomatensuppe mit Kräuterciabatta

## Zutaten für 4 Personen

1 Kräuterciabatta zum Fertigbacken (250 g)
3 Knoblauchzehen
1 große Zwiebel
je 2 EL gehacktes Basilikum, Petersilie, Oregano, Majoran und Thymian
2 EL Olivenöl
1 EL Tomatenmark
1 große Dose geschälte Tomaten (ca. 840 ml Füllmenge)
1 EL Gemüsebrühepulver
1–2 EL Agavendicksaft
1 EL Paprikapulver
Salz und Pfeffer aus der Mühle
evtl. Basilikum zum Garnieren

## Zubereitung

Ciabatta im vorgeheizten Backofen nach packungsanweisung aufbacken. Knoblauch und Zwiebel schälen und hacken, mit den Kräutern im heißen Olivenöl in einem Topf andünsten. Etwa ein Drittel davon abnehmen und beiseitelegen.

Restliche Zutaten in den Topf geben und alles etwa 10 Minuten kochen.

Suppe pürieren, mit Salz und Pfeffer abschmecken. Ciabatta in Scheiben schneiden und das Zwiebel-Kräuter-Gemisch darauf verteilen. Eventuell noch mit etwas Basilikum bestreuen. Ciabatta zu der Suppe servieren.

Zubereitungszeit: ca. 15 Minuten

**Agavendicksaft,** ein aus den hauptsächlich in Mittelamerika verbreiteten Agaven gewonnenes sirupartiges Süßungsmittel. Zur Dicksaftgewinnung wird das Herz der Pflanze zerkleinert, das gewonnene Mus gepresst, der Saft gefiltert und eingedickt. Agavendicksaft schmeckt relativ neutral und süß und ist gut löslich.

Pro Person: 260 Kilokalorien | 6 g Eiweiß | 7 g Fett | 40 g Kohlenhydrate

# „Gyros"-Pita mit Tsatsiki und Salat

## Zutaten für 4 Personen

$^{1}/_{2}$ Salatgurke
2 Knoblauchzehen
200 g Sojajoghurt
Salz und Pfeffer aus der Mühle
ca. 300 g veganer Krautsalat
2 Zwiebeln
500 g Lopino®- oder Sojagyros
1 EL ungehärtetes Kokosfett
ca. 1 EL veganes Gyrosgewürz (nach Geschmack)
8–12 Gyros- bzw. Pitataschen

## Zubereitung

Für das Tsatsiki Gurke schälen und möglichst klein schneiden. Knoblauch schälen und sehr fein hacken.

In einer kleinen Schüssel Sojajoghurt, Gurke und Knoblauch vermischen, mit Salz und Pfeffer würzen und ziehen lassen.

Krautsalat in einer Schüssel bereitstellen.

Zwiebeln schälen, in dünne Ringe schneiden und ebenfalls bereitstellen.

Lopino®- oder Sojagyros im heißen Fett in einer Pfanne 5–10 Minuten anbraten und eventuell noch mit Gyrosgewürz, Salz und Pfeffer abschmecken.

Gyrostaschen im Toaster oder Ofen nach Packungsanweisung aufbacken, mit Gyros, Tsatsiki, Zwiebelringen und Salat füllen und genießen.

Zubereitungszeit: ca. 30 Minuten

Pro Person: 820 Kilokalorien | 47 g Eiweiß | 29 g Fett | 85 g Kohlenhydrate

# Nudelsalat mit Knack„würstchen"

### Zutaten für 4 Personen

350 g Penne
Salz
30 g Pinienkerne
2 rote Paprika
10 Cherrytomaten
2 Schalotten
1 Knoblauchzehe
1 Bund Rucola
100 g schwarze entsteinte Oliven
4 vegane Knack„würstchen" (à 80 g)
5 EL Balsamessig
5 EL Olivenöl
5 EL grünes oder rotes veganes Pesto
Pfeffer aus der Mühle
1 gehäufter TL Senf
1 EL Agavendicksaft
1 EL getrocknete Kräuter der Provence

### Zubereitung

Penne in reichlich Salzwasser al dente kochen.

Pinienkerne in einer beschichteten Pfanne ohne Fett anrösten und zur Seite stellen.

Paprika halbieren, waschen, entkernen und klein schneiden. Tomaten waschen und halbieren oder ganz lassen.

Schalotten und Knoblauch schälen und fein hacken.

Rucola putzen, waschen und gut abtropfen lassen oder trocken schleudern. Rucola in mundgerechte Stücke zupfen. Oliven eventuell halbieren.

Knack„würstchen" klein schneiden.

Penne abgießen, abschrecken und in eine Salatschüssel geben. Vorbereitetes Gemüse und „Würstchen" untermischen.

Essig, Öl, Pesto, 2 EL Wasser, Salz, Pfeffer, Senf, Agavendicksaft und Kräuter der Provence verrühren. Über den Salat geben, gut vermischen und kurz durchziehen lassen. Mit Pinienkernen bestreuen.

Zubereitungszeit: ca. 30 Minuten

Pro Person: 1090 Kilokalorien | 37 g Eiweiß | 50 g Fett | 77 g Kohlenhydrate

# Gemüsecurry

## Zutaten für 4 Personen

200 g Reis
400 ml Gemüsebrühe
4 Möhren
250 g Champignons
1 rote Chilischote
1 rote Paprikaschote
2 Knoblauchzehen
2 Schalotten
30 g Ingwer
1 EL ungehärtetes Kokosfett
4 TL rote Currypaste
800 ml ungesüßte Kokosmilch
500 g tiefgefrorener Brokkoli
Salz und Pfeffer aus der Mühle
1 TL Koriander
1 TL Kurkuma
evtl. Petersilie

## Zubereitung

Reis in Gemüsebrühe aufkochen, Herd abschalten und Reis bei geschlossenem Deckel etwa 10 Minuten fertig garen lassen, bis der Reis die Brühe vollständig aufgesaugt hat.

Inzwischen Möhren, Champignons, Paprika und Chili putzen, waschen und klein schneiden. Knoblauch, Schalotten und Ingwer schälen und hacken.

Knoblauch, Schalotten, Ingwer und Chili im heißen Kokosfett anbraten, die Currypaste dazugeben und unter Rühren kurz mitbraten.

Kokosmilch dazugeben und aufkochen lassen. Brokkoli, Paprika und Möhren hinzufügen, aufkochen lassen, das restliche Gemüse hinzugeben und etwa 10–15 Minuten weiterköcheln, bis es bissfest ist.
Mit Salz, Pfeffer, Koriander und Kurkuma abschmecken. Nach Wunsch fein geschnittene Petersilie unter den Reis mischen. Gemüsecurry mit dem Reis anrichten.

Zubereitungszeit: ca. 30 Minuten

Pro Person: 660 Kilokalorien | 10 g Eiweiß | 41 g Fett | 56 g Kohlenhydrate

# Grüne Bohnen mit Rosmarinbratkartoffeln

**Zutaten für 4 Personen**

1 kg grüne Bohnen
1 kg festkochende Kartoffeln
2 Knoblauchzehen
4 EL ungehärtetes Kokosfett
1 Bund Bohnenkraut
250 ml Gemüsebrühe
Salz
3 Rosmarinzweige
etwas Smoked Spanish Paprika (Gewürz siehe Seite 46)
Pfeffer aus der Mühle
150 ml Cuisine (Hafer, Reis, Nuss oder Soja)
80 g veganer Parmesan (geröstete Pinienkerne und Hefeflocken zu gleichen Teilen püriert)

**Zubereitung**

Bohnen waschen, putzen und Enden abschneiden. Kartoffeln schälen, waschen und in feine Scheiben schneiden. Knoblauch schälen und hacken.

Bohnen in 1 EL heißem Fett andünsten. Bohnenkraut und Gemüsebrühe hinzufügen und 10–15 Minuten kochen (die Bohnen müssen gar und noch knackig sein).

Gleichzeitig Kartoffelscheiben in gesalzenem Wasser etwa 2 Minuten kochen, trocken tupfen und portionsweise im restlichen Fett bei starker Hitze erst etwa 5 Minuten von der einen Seite knusprig braten, dann wenden und die andere Seite ebenfalls knusprig braten. Knoblauch, Rosmarin und Smoked Spanish Paprika zugeben und kurz mitbraten, mit Salz und Pfeffer abschmecken.

Bohnen aus der Brühe nehmen, Cuisine in die Brühe rühren und im offenen Topf etwa 3 Minuten einkochen. Mit Salz und Pfeffer abschmecken, Bohnen wieder in den Fond geben und heiß werden lassen. Gemüse mit den Rosmarinbratkartoffeln anrichten und mit Parmesan bestreut servieren. Nach Wunsch noch frische Paprikastreifen dazu servieren.

Zubereitungszeit: ca. 30 Minuten

Pro Person: 560 Kilokalorien | 18 g Eiweiß | 34 g Fett | 44 g Kohlenhydrate

# Erbsensuppe mit Grissini

## Zutaten für 4 Personen

1 Zwiebel
150 g festkochende Kartoffeln
5 EL Olivenöl
1 l Gemüsebrühe
450 g TK-Erbsen
150 ml Mandeldrink
1 TL Curry
1/2 TL Zitronenpfeffer
Salz
Petersilie zum Garnieren
1 Packung Grissini (ca. 400 g)

## Zubereitung

Zwiebel schälen und hacken. Kartoffeln schälen, waschen und in Stücke schneiden. Öl im Topf erhitzen. Zwiebeln und Kartoffeln darin anbraten.

Brühe zugeben und 15 Minuten kochen lassen. Gefrorene Erbsen zugeben und noch einmal 10 Minuten köcheln.

Mit dem Pürierstab sehr fein pürieren. Mandeldrink, Curry und Zitronenpfeffer unterrühren und mit Salz abschmecken.

Suppe in Teller geben und mit Petersilie garnieren. Grissini auf den Tellerrand legen.

Zubereitungszeit: ca. 30 Minuten

**Brotcroûtons** sind lecker zur Erbsensuppe und schnell gemacht. Dazu 4 Scheiben Vollkorntoastbrot in Würfel schneiden und mit einer gehackten Knoblauchzehe in etwa 4 EL Olivenöl goldbraun rösten.

Pro Person: 710 Kilokalorien | 21 g Eiweiß | 29 g Fett | 93 g Kohlenhydrate

# Brechbohnen an Estragonjus mit Kartoffeln

### Zutaten für 4 Personen

600 g kleine festkochende Kartoffeln
Salz
500 g grüne Bohnen
120 ml Walnussöl
200 ml Gemüsebrühe
1 Zwiebel
2 EL frische Estragonblätter
1 Zweig Bohnenkraut
1 EL Balsamessig
1 EL Cuisine (Hafer, Reis, Nuss oder Soja)
schwarzer Pfeffer aus der Mühle

### Zubereitung

Kartoffeln schälen, waschen und in leicht gesalzenem Wasser 20–25 Minuten gar kochen.

In der Zwischenzeit Bohnen waschen, putzen, von den Enden befreien und in 2 EL heißem Walnussöl andünsten. 80 ml Gemüsebrühe und etwas Salz dazugeben und zugedeckt 20 Minuten köcheln lassen.

In der Zwischenzeit Zwiebel schälen. Zwiebel und Estragon fein hacken. Beides in 3 EL heißem Walnussöl andünsten. Dabei ab und zu umrühren. Bohnenkraut dazugeben, Essig angießen, aufkochen und fast völlig verkochen lassen. Die restliche Gemüsebrühe zugießen, 5 Minuten ohne Deckel bei mittlerer Hitze etwa um die Hälfte reduzieren. Soße durch ein Sieb in einen Topf gießen, Zwiebeln ausdrücken.

Die Soße wieder kräftig aufkochen lassen und dabei das restliche Öl zufügen. Unter Rühren weiterkochen, bis die Soße dicklich wird (sollte sie nicht dicklich werden, ein wenig Johannisbrotkernmehl unterrühren).

Bohnen abgießen, Kochsud auffangen. Cuisine und Kochsud in die Soße geben, mit Salz und Pfeffer abschmecken. Bohnenkrautzweig herausnehmen und Bohnen mit Kartoffeln und Soße servieren.

Zubereitungszeit: ca. 30 Minuten

**Estragon,** ist ein süßliches Kraut und schmeckt frisch hervorragend in Möhrengerichten, aber auch zu Kohlrabi und anderen Gemüsegerichten.

Pro Person: 400 Kilokalorien | 6 g Eiweiß | 32 g Fett | 23 g Kohlenhydrate

# Gemischter Salat mit Senfdressing

### Zutaten für 4 Personen

Eine Handvoll geröstete Pinienkerne (ca. 40 g)
1 Knoblauchzehe
5 EL dunkler Balsamessig
1 EL getrocknete Kräuter der Provence
1 EL Feigensenf
1 TL Dijonsenf
1 TL Agavendicksaft
5 EL Olivenöl
1 Avocado
2 Möhren
$^1/_2$ Salatgurke
100 g Rucola
200 g gemischter Blattsalat nach Geschmack (z. B. Eisbergsalat, Feldsalat, Lollo rosso)

### Zubereitung

Pinienkerne in einer beschichteten Pfanne ohne Fett goldbraun rösten. Knoblauch schälen und hacken.

Balsamessig in eine Schüssel geben. Knoblauch, Kräuter, Feigensenf, Dijonsenf, Agavendicksaft und Olivenöl zugeben und gut verrühren.

Avocado halbieren und Stein entfernen. Hälften schälen, klein schneiden und zum Dressing geben.

Möhren schälen und grob raspeln. Gurke schälen, in kleine Stücke schneiden und dazugeben. Beides zum Dressing geben.

Rucola und Salat waschen, trocken schleudern und in mundgerechte Stücke zupfen. Gut mit den restlichen Zutaten vermischen.

Zum Schluss die gerösteten Pinienkerne über den Salat streuen.

Zubereitungszeit: ca. 30 Minuten

Pro Person: 320 Kilokalorien | 5 g Eiweiß | 31 g Fett | 6 g Kohlenhydrate

# Salat mit Wassermelone und Artischocken

## Zutaten für 4 Personen

1 Schalotte
3 TL Dijonsenf
1 TL Feigensenf
1 TL Basilikumpesto
2 EL Olivenöl
1 EL Kürbiskernöl
2 EL Balsamessig
Salz und Pfeffer aus der Mühle
½ Kopf Eichblattsalat
100 g Rucola
350 g Wassermelonenfleisch
1 Glas Artischockenherzen (ca. 120 g Abtropfgewicht)
evtl. Sonnenblumenkerne oder Salatkernmischung

## Zubereitung

Für das Dressing Schalotte schälen und fein hacken. Schalotten, Dijonsenf, Feigensenf, Basilikumpesto, Olivenöl, Kürbiskernöl, Balsamessig und Salz und Pfeffer vermischen.

Eichblattsalat und Rucola putzen, waschen und gut abtropfen lassen oder trocken schleudern. In mundgerechte Stücke zupfen und in eine Salatschüssel geben.

Melone in mundgerechte Stücke schneiden. Artischockenherzen abtropfen lassen und halbieren. Alles zum Salat geben und miteinander vermischen.

Salat mit Dressing beträufeln und anrichten.

Wer möchte, kann den Salat auch mit Sonnenblumenkernen oder Salatkernmischung verfeinern.

Zubereitungszeit: ca. 25 Minuten

Pro Person: 120 Kilokalorien | 2 g Eiweiß | 9 g Fett |9 g Kohlenhydrate

# Mexikanische Pfanne

**Zutaten für 4 Personen**

10 kleine festkochende Kartoffeln
Salz
250 g Cherrytomaten
4 Paprika (gelb, grün und rot)
1 Chilischote
2 große Zwiebeln
2 Knoblauchzehen
30 g getrocknete Tomaten
ca. 1 EL ungehärtetes Kokosfett
1 Dose Mais (285 g Abtropfgewicht)
Pfeffer aus der Mühle
1 EL Paprikapulver

**Zubereitung**

Kartoffeln waschen, schälen, in Stücke schneiden und in leicht gesalzenem Wasser 15–20 Minuten gar kochen.

In der Zwischenzeit Tomaten waschen und halbieren. Paprika und Chilischote halbieren, waschen, entkernen und klein schneiden.

Zwiebeln und Knoblauch schälen und hacken.

Getrocknete Tomaten klein schneiden.

Cherrytomaten, Paprika, Chili, Zwiebeln, Knoblauch und getrocknete Tomaten im heißen Fett unter Rühren bei mittlerer Hitze etwa 10 Minuten anbraten. Abgetropften Mais und Gewürze hinzufügen und weitere 5 Minuten braten. Zum Schluss Kartoffeln abgießen, unter das Gemüse mischen und servieren.

Zubereitungszeit: ca. 30 Minuten

**Chili** sind die gemahlenen Früchte des Cayennepfefferstrauchs. Südamerikanische Indianer bauten ihn schon vor Tausenden von Jahren an, nach Europa wurde der Chili im 16. Jahrhundert von den Spaniern gebracht, weshalb er zunächst auch als „Spanischer Pfeffer“ bekannt wurde. Chili gibt es in vielen verschiedenen Schärfegraden.

Pro Person: 240 Kilokalorien | 8 g Eiweiß | 7 g Fett | 34 g Kohlenhydrate

# Schmorgurken in Paprikasahne

## Zutaten für 4 Personen

550 g kleine festkochende Kartoffeln
Salz
2 Paprika, Farbe nach Geschmack
2 kg Salatgurken
1 große Zwiebel
2 Knoblauchzehen
1 EL ungehärtetes Kokosfett
3 TL Paprikapulver edelsüß
1 TL Curry
1 TL Kümmel
ca. 2 TL Smoked Spanish Paprika (Gewürz siehe Seite 46)
1 EL Tomatenmark
300 ml Cuisine (Hafer, Reis, Nuss oder Soja)
Pfeffer aus der Mühle

## Zubereitung

Kartoffeln schälen, waschen, in mundgerechte Stücke schneiden und in gesalzenem Wasser 15–20 Minuten gar kochen.

In der Zwischenzeit Paprika halbieren, waschen, entkernen und in mundgerechte Stücke schneiden. Gurken dünn schälen, längs halbieren und mit einem Teelöffel entkernen. In etwa 2 cm dicke Stücke schneiden.

Zwiebel und Knoblauch schälen und hacken. Kokosfett in einem Topf erhitzen und beides unter Rühren etwa 2 Minuten anbraten. Paprikapulver, Curry, Kümmel, Smoked Spanish Paprika, Tomatenmark und Paprikastücke dazugeben, umrühren und kurz mitbraten.

Gurken untermischen und das Ganze bei mittlerer Hitze etwa 10 Minuten garen.

Cuisine hinzufügen, mit Pfeffer und Salz würzen und abschmecken.

Nach Geschmack mischt man die gekochten Kartoffeln unter die Schmorgurken oder serviert sie separat dazu.

Zubereitungszeit: ca. 30 Minuten

Pro Person: 330 Kilokalorien | 8 g Eiweiß | 19 g Fett | 28 g Kohlenhydrate

# Kräuter-„Rührei" mit Bauernbrot

**Zutaten für 4 Personen**

1–2 Paprika
3 Cherrytomaten
100 g Champignons
1–2 Zwiebeln
Je 1 TL frischer Schnittlauch, Petersilie und Thymian
400 g Lopino® oder Tofu
120 ml Cuisine (Hafer, Reis Nuss oder Soja)
ca. 1 EL ungehärtetes Kokosfett
Paprikapulver
Salz und Pfeffer aus der Mühle
500 g Bauernbrot

**Zubereitung**

Paprika halbieren, waschen und entkernen. Tomaten waschen und Stielansatz entfernen. Alles würfeln.

Pilze putzen und klein schneiden. Zwiebeln schälen und hacken. Kräuter waschen, trocken tupfen und die Blättchen abzupfen und hacken.

Lopino® oder Tofu in eine Schüssel geben. Cuisine zugeben und alles mit einer Gabel oder einem Kartoffelstampfer zerdrücken. Zwiebeln und Paprikapulver unterrühren, salzen und pfeffern. Die Masse im heißen Fett etwa 10 Minuten braten und dabei immer wieder umrühren.

Paprika, Knoblauch, Pilze, Schnittlauch, Petersilie und Thymian dazugeben und weitere 5 Minuten braten.

Zum Schluss die gewürfelten Tomaten hinzugeben, heiß werden lassen, noch einmal abschmecken und mit dem in Scheiben geschnittenen Brot servieren. Nach Wunsch mit Rucola anrichten.

Zubereitungszeit: ca. 25 Minuten

Pro Person: 530 Kilokalorien | 26 g Eiweiß | 20 g Fett | 60 g Kohlenhydrate

Pasta & Reis

# Spaghetti arrabiata

## Zutaten für 4 Personen

2 mittelgroße Zwiebeln
2 Knoblauchzehen
1–2 Chilischoten (je nach Schärfe)
600 g Tomaten
2 EL Olivenöl
1 TL Vollrohrzucker
Salz und Pfeffer aus der Mühle
1 EL getrocknete Kräuter der Provence
500 g Spaghetti
80 g veganer Parmesan (geröstete Pinienkerne und Hefeflocken zu gleichen Teilen püriert)

## Zubereitung

Zwiebeln und Knoblauch schälen und hacken. Chilischote waschen, entkernen und hacken.

Tomaten waschen, würfeln und dabei die Stielansätze entfernen.

Zwiebeln, Knoblauch und Chili im heißen Olivenöl andünsten und Zucker darüberstreuen.

Tomaten dazugeben. Mit Salz, Pfeffer und Kräutern der Provence abschmecken und etwa 30 Minuten einkochen lassen.

Inzwischen Spaghetti in reichlich Salzwasser bissfest kochen. Abgießen und tropfnass mit der Arrabiatasoße mischen. Mit Parmesan bestreut servieren.

Zubereitungszeit: ca. 45 Minuten

Pro Person: 620 Kilokalorien | 24 g Eiweiß | 14 g Fett | 97 g Kohlenhydrate

# Gemüsespieße mit Natur- und Wildreis

## Zutaten für 4 Personen

Salz
20 Cherrytomaten
16 Pilze nach Wahl
10 kleine rote Zwiebeln
1 rote Paprika
1 grüne Paprika
1 kleine Ananas (ca. 500 g)
200 g Tofu
16 lange Schaschlikspieße
2 Knoblauchzehen
2 EL gehacktes Basilikum
6 EL Olivenöl
2 TL Dijonsenf
Salz und Pfeffer aus der Mühle
1 TL Chiliflocken
200 g Natur- und Wildreis

## Zubereitung

Tomaten waschen, Pilze putzen (möglichst nur sauber bürsten, damit der Geschmack erhalten bleibt). Zwiebeln schälen und je nach Größe halbieren oder vierteln, Paprika putzen, waschen und in mundgerechte Stücke schneiden.

Von der Ananas Blattkrone und Strunkende abschneiden, Frucht schälen, vierteln und den harten Strunk herausschneiden. Ananas und Tofu grob würfeln.

Gemüse, Ananas und Tofu abwechselnd auf die Schaschlikspieße stecken.

Für die Marinade Knoblauch schälen und fein hacken. Mit Basilikum, Öl, Senf, Salz, Pfeffer und Chili mischen.

Die Spieße großzügig damit bestreichen und etwa 2 Stunden abgedeckt im Kühlschrank ziehen lassen.

Reis nach Packungsanweisung in gesalzenem Wasser garen.

Die Spieße nebeneinander in eine Auflaufform oder auf ein Backblech legen und unter dem vorgeheizten Backofengrill etwa 25 Minuten goldbraun grillen. Zwischendurch wenden. Spieße mit dem Wildreis servieren.

Zubereitungszeit: ca. 1 Stunde
Marinierzeit: ca. 2 Stunden

Pro Person: 490 Kilokalorien | 16 g Eiweiß | 21 g Fett | 58 g Kohlenhydrate

# Spaghetti in Knoblauch-Sahnesoße

## Zutaten für 4 Personen

500 g Spaghetti
Salz
2 Zwiebeln
3 Knoblauchzehen
ca. 2 EL Olivenöl
4 EL veganer Parmesan (geröstete Pinienkerne und Hefeflocken zu gleichen Teilen püriert)
100 ml Cuisine (Hafer, Mandel, Reis oder Soja)
Pfeffer aus der Mühle
ca. 1 TL Smoked Spanish Paprika

## Zubereitung

Spaghetti in reichlich Salzwasser bissfest kochen.

In der Zwischenzeit Zwiebeln und Knoblauch schälen und fein hacken. In Olivenöl glasig dünsten.

Spaghetti abgießen und tropfnass mit Zwiebel-Knoblauch-Mischung, Parmesan und Cuisine vermengen. Mit Salz, Pfeffer und Smoked Spanish Paprika abschmecken.

Zubereitungszeit: ca. 20 Minuten

**Smoked Spanish Paprika** ist ein Gewürz aus geräucherter Paprika. Es wird ohne Farbstoffe hergestellt und eignet sich zum Abschmecken von Soßen und Gemüsegerichten.

Pro Person: 560 Kilokalorien | 19 g Eiweiß | 13 g Fett | 90 g Kohlenhydrate

# Überbackene Zucchini auf Wildreis

## Zutaten für 4 Personen

1,5 kg Zucchini
2 EL Olivenöl
Salz und Pfeffer aus der Mühle
1 Bund Thymian
je 1 EL Oregano und Basilikum
2 Knoblauchzehen
1 gehäufter EL Vollkorndinkelmehl
375 ml Gemüsebrühe
300 ml Cuisine (Hafer oder Soja)
400 g veganer Mozzarella (siehe Seite 15)
2 EL Tomatenmark
60 g Vollkornbrösel
200 g Wildreis

## Zubereitung

Zucchini putzen, waschen und in 1 cm dicke Scheiben schneiden. Im heißen Öl von beiden Seiten etwa 5 Minuten goldbraun braten und in eine Auflaufform legen. Salzen und pfeffern.

Kräuter waschen, trocken tupfen, Blättchen getrennt fein hacken. Knoblauch schälen und ebenfalls hacken.

Oregano, Basilikum und Knoblauch im Bratöl andünsten. Das Mehl unter Rühren hinzufügen und anschwitzen. Brühe und Cuisine nach und nach dazugeben und ohne Deckel bei mittlerer Hitze 10 Minuten kochen lassen. Eventuell nachwürzen und über die Zucchini gießen.

Backofen auf 180 °C Umluft vorheizen. Mozzarella in dünne Scheiben schneiden.

Das Tomatenmark mit dem Thymian und den Vollkornbröseln mischen. Auf den Zucchini verteilen und die Mozzarellascheiben darauflegen. Im heißen Ofen etwa 20 Minuten backen, bis der Mozzarella goldbraun ist.

Wildreis in der doppelten Menge gesalzenem Wasser nach Packungsanweisung garen.

Zucchini mit dem Wildreis anrichten und servieren.

Zubereitungszeit: ca. 60 Minuten

Pro Person: 650 Kilokalorien | 19 g Eiweiß | 33 g Fett | 68 g Kohlenhydrate

# Spaghetti mit Pinien-Knoblauch-Soße

## Zutaten für 4 Personen

500 g Spaghetti
Salz
100 g Pinienkerne
4 Knoblauchzehen
10 EL Olivenöl
3 EL frisches gehacktes Basilikum
Chiliflocken
3 EL Cuisine (Mandel, Hafer, Soja oder Reis)

## Zubereitung

Spaghetti in reichlich Salzwasser bissfest kochen.

In der Zwischenzeit Pinienkerne hacken. Knoblauch schälen und hacken. Beides in einem Topf bei geringer Hitze etwa 5 Minuten in Olivenöl weich werden lassen.

Basilikum hinzufügen und mit Salz und Chili würzen.

Spaghetti abgießen und tropfnass mit der Cuisine und Pinienkern-Knoblauch-Soße vermischen.

Zubereitungszeit: ca. 20 Minuten

Anstelle von Pinienkernen kann man die Soße auch mit **Walnüssen** zubereiten. Übrigens, der Walnussbaum spielt in der Volksheilkunde und Mythologie vieler Länder eine wichtige und unterschiedliche Rolle. Er ist in Europa und Asien heimisch und wird aufgrund seiner Gerbstoffe bei leichten Hautentzündungen und übermäßiger Schweißabsonderung eingesetzt.

Pro Person: 810 Kilokalorien | 22 g Eiweiß | 42 g Fett | 87 g Kohlenhydrate

# Gefüllte Paprika

## Zutaten für 4 Personen

200 g Reis
400 ml Gemüsebrühe
4–6 große rote, gelbe und grüne Paprika (à ca. 180 g)
1 Knoblauchzehe
1 Zwiebel
25 g frische Petersilie
1 TL Basilikum
4 EL Pinienkerne
4 EL Hefeflocken
2 EL gehackte Walnüsse
Salz und Pfeffer aus der Mühle
4 EL Olivenöl
1 reife Tomate
350 g Granulat aus Lopino®, Seitan oder Soja
ca. 1 EL ungehärtetes Kokosfett

## Zubereitung

Reis in der Gemüsebrühe etwa 5 Minuten aufkochen, Herd ausschalten und Reis im geschlossenen Topf gar quellen lassen.

Paprikadeckel abschneiden, Paprika aushöhlen, waschen und in eine Auflaufform setzen.

Für das Pesto Knoblauch und Zwiebel schälen. Petersilie und Basilikum waschen, trocken tupfen, Blättchen abzupfen. Zwiebel, Knoblauch, Kräuter, Pinienkerne, Hefeflocken, Walnüsse, Salz und Pfeffer mischen und pürieren. Dabei nach und nach 4 EL Olivenöl zugeben.

Backofen auf 180 °C Umluft vorheizen. Tomate mit kochendem Wasser übergießen, nach etwa 3 Minuten abgießen, abschrecken, häuten und klein schneiden.

Granulat im heißen Kokosfett anbraten, Reis, Pesto und Tomatenstücke dazugeben, mit Salz und Pfeffer würzen und 5 Minuten köcheln.

Paprika mit der Mischung füllen, Deckel aufsetzen und im heißen Ofen etwa 25 Minuten backen.

Zubereitungszeit: ca. 45 Minuten
Backzeit: ca. 25 Minuten

Wenn Sie nur 4 Paprikaschoten zubereiten wollen, bleibt **Reisfüllung** übrig. Diese kann man dann als Beilage servieren.

Pro Person: 570 Kilokalorien | 27 g Eiweiß | 27 g Fett | 53 g Kohlenhydrate

# Gemüselasagne

## Zutaten für 4 Personen

Für die Héfamel-Soße:
40 g Margarine
1 gehäufter EL Mehl
400 ml Cuisine
(Hafer, Soja oder Nuss)
1/2 TL Salz
9 EL Hefeflocken

Für das Gemüse:
800 g reife Tomaten oder Dosentomaten
1 kleine Chilischote oder 1 EL Chiliflocken
1 Möhre
1 rote und 1 gelbe Paprika
1 kleine Zucchini
1 kleine Aubergine
2 Zwiebeln
2 Knoblauchzehen
4 EL Olivenöl
Salz und Pfeffer aus der Mühle
2 EL frischer oder getrockneter Oregano
evtl. 1 EL Agavendicksaft

Außerdem:
12 Lasagneblätter
150 g veganer Parmesan (geröstete Pinienkerne und Hefeflocken zu gleichen Teilen püriert)

## Zubereitung

Für die Héfamel-Soße Margarine in einem Topf schmelzen, das Mehl einrühren und etwa 20 Sekunden unter Rühren anschwitzen. Cuisine und Salz dazugeben, glatt rühren und etwa 2 Minuten aufkochen, bis sie etwas dicklich wird. Topf vom Herd nehmen und so viel Hefeflocken einrühren, bis eine cremige Flüssigkeit entsteht.

Für das Gemüse frische Tomaten mit kochendem Wasser übergießen, etwa 3 Minuten ziehen lassen, abgießen, abschrecken, häuten und in grobe Stücke zerteilen. Stielansätze dabei entfernen.

Chilischote halbieren, entkernen, waschen und fein hacken. Möhre, Paprika, Zucchini und Aubergine waschen, putzen und würfeln.

Zwiebeln und Knoblauch schälen, fein hacken und im Olivenöl andünsten. Gemüse hinzufügen und mitdünsten.

Tomaten dazugeben, etwa 15 Minuten köcheln lassen und mit Salz, Pfeffer, Oregano und eventuell Agavendicksaft abschmecken.

Backofen auf 180 °C Umluft vorheizen. 4 Lasagneblätter in eine gefettete Auflaufform legen. Die Hälfte des Gemüses darauf verteilen, darüber $^{1}/_{3}$ des Héfamels geben. Den Vorgang wiederholen, mit einer dritten Schicht Lasagneblätter abschließen und mit dem restlichen Héfamel vollständig bedecken.

Lasagne im heißen Ofen etwa 30 Minuten backen. Nach 15 Minuten Parmesan darüberstreuen, damit er nicht verbrennt. Dazu passt frischer Salat.

Zubereitungszeit: ca. 60 Minuten
Backzeit: ca. 30 Minuten

Pro Person: 860 Kilokalorien | 36 g Eiweiß | 50 g Fett | 67 g Kohlenhydrate

# Spaghetti alla puttanesca

## Zutaten für 4 Personen

600 g Tomaten
100 g schwarze entsteinte Oliven
1 mittelgroße Zwiebel
2–3 Knoblauchzehen
1 kleine Chilischote
4 EL Olivenöl
1 Noriblatt
1 EL Kräuter der Provence
1 EL Kapern
Salz und Pfeffer aus der Mühle
500 g Spaghetti
ca. 80 g veganer Parmesan (geröstete Pinienkerne und Hefeflocken zu gleichen Teilen püriert)

## Zubereitung

Tomaten mit kochendem Wasser übergießen, nach etwa 3 Minuten herausnehmen, abschrecken und häuten.

Oliven halbieren. Zwiebel und Knoblauch schälen und hacken. Chilischote waschen, halbieren, entkernen und fein hacken.

Olivenöl in einem Topf erhitzen und Zwiebeln, Knoblauch und Chili bei niedriger Temperatur etwa 5 Minuten dünsten, bis die Zwiebeln glasig sind.

Tomaten in den Topf geben und zerstampfen. Zerbröseltes Noriblatt, Oliven, Kräuter der Provence und Kapern dazugeben, salzen und pfeffern, aufkochen und bei niedriger Temperatur 30 Minuten köcheln lassen. (Aufgewärmt schmeckt die Soße noch besser.)

In der Zwischenzeit Spaghetti in reichlich Salzwasser bissfest kochen. Abgießen und tropfnass mit Tomatensoße und Parmesan servieren.

Zubereitungszeit: ca. 60 Minuten

Wenn es schnell gehen soll, kann man auch eine große **Dose Tomaten** verwenden.

Pro Person: 750 Kilokalorien | 25 g Eiweiß | 29 g Fett | 97 g Kohlenhydrate

# Spätzle mit Steinpilzen und Schalotten

## Zutaten für 4 Personen

4 Schalotten
1 kg Steinpilze
500 g vegane Spätzle
Salz
2 EL Olivenöl
Pfeffer aus der Mühle
nach Wunsch frische Petersilie

## Zubereitung

Schalotten schälen und hacken. Steinpilze vorsichtig mit einem feuchten Tuch oder einer Pilzbürste säubern und grob zerteilen. (Wenn man sie wäscht, saugen sie sich voll Wasser und werden matschig.)

Spätzle nach Packungsanweisung in reichlich kochendem Salzwasser garen.

Olivenöl in einer Pfanne erhitzen und Schalotten darin andünsten. Steinpilze hinzufügen und etwa 5 Minuten mitbraten. Salzen und pfeffern und sofort mit den abgetropften Spätzle servieren. Nach Wunsch mit frischer Petersilie anrichten.

Zubereitungszeit: ca. 45 Minuten

Da **Steinpilze** einen sehr intensiven Eigengeschmack haben, sollte man diesen so wenig wie möglich durch andere Zutaten verfälschen. Schalotten oder Zwiebeln sind aber unerlässlich für einen noch delikateren Genuss.
Da Steinpilze sehr eiweißhaltig und damit sättigend sind, kann man auch eine geringere Menge zubereiten und als Vorspeise servieren.

Pro Person: 540 Kilokalorien | 25 g Eiweiß | 10 g Fett | 88 g Kohlenhydrate

# Reisbratlinge mit Tomaten-Gemüse

## Zutaten für 4 Personen

Für die Bratlinge:
300 g Rundkornreis
(z. B. Risottoreis)
3/4 l Gemüsebrühe
1 große oder 2 kleine Schalotten
ca. 2 EL ungehärtetes Kokosfett
150 g Gemüse (z. B. Erbsen, geriebene Möhren oder Mais)
2 TL Koriander
1–2 TL Curry
Salz und Pfeffer aus der Mühle

Für das Auberginen-Tomaten-Gemüse:
2 Zweige Thymian
(frisch oder getrocknet)
4 Blätter Liebstöckel
(frisch oder getrocknet)
1 kleine Chilischote oder Chiliflocken
1 Aubergine (ca. 400 g)
1 Zucchini
1,5 kg vollreife Tomaten oder Dosentomaten
2 mittelgroße Zwiebeln
4 Knoblauchzehen
4 EL ungehärtetes Kokosfett
2 TL Kumin (Kreuzkümmel)
2 TL Gemüsebrühepulver oder Vegeta
Salz und Pfeffer aus der Mühle

## Zubereitung

Für die Reisbratlinge den Reis in Gemüsebrühe aufkochen, Herd ausstellen und mit geschlossenem Deckel etwa 10 Minuten fertig quellen lassen, bis die gesamte Gemüsebrühe aufgenommen ist.

Schalotten schälen und fein hacken. In 1 TL Kokosfett andünsten.

Gemüse, Schalotten und restliche Zutaten gut mit dem Reis vermischen. Mit Salz und Pfeffer abschmecken. Etwa 15 flache Bratlinge formen, gut zusammenpressen und beiseitestellen.

Für das Auberginen-Tomaten-Gemüse frische Kräuter waschen, trocken tupfen und Blättchen hacken. Chilischote waschen, halbieren, entkernen und fein hacken. Aubergine putzen, waschen und in etwa 1–2 cm dicke Scheiben schneiden, nebeneinanderlegen, salzen und etwa 10 Minuten ziehen lassen. Dann abspülen, trocken tupfen und würfeln.

Zucchini putzen, waschen und in Würfel schneiden. Tomaten waschen, trocknen und würfeln, dabei den Stielansatz entfernen. Zwiebeln und Knoblauch schälen und fein hacken.

Auberginen und Zucchini portionsweise in reichlich Kokosfett etwa 10 Minuten von beiden Seiten goldbraun braten. Auf Küchenpapier abtropfen lassen und das Fett in der Pfanne lassen.
Zwiebeln und Knoblauch in derselben Pfanne unter Rühren kurz anbraten. Auberginen, Zucchini und Tomaten hinzufügen und mit Kräutern und Gewürzen abschmecken. Dann etwa 15 Minuten köcheln lassen.

Reisbratlinge portionsweise im restlichen heißen Fett von jeder Seite etwa 5 Minuten knusprig braten. Bratlinge mit dem Gemüse anrichten.

Zubereitungszeit: ca. 70 Minuten

Pro Person: 690 Kilokalorien | 14 g Eiweiß | 35 g Fett | 80 g Kohlenhydrate

# Cannelloni mit Pinien-Tomaten-Soße

## Zutaten für 4 Personen

je 1 Bund Basilikum, Oregano, Petersilie
500 g Spinat
3 Schalotten
4 Knoblauchzehen
5 EL Olivenöl
90 g schwarze entsteinte Oliven
200 ml Cuisine (Hafer oder Reis)
Salz und Pfeffer aus der Mühle
1 Prise Muskat
300 g Cannelloni ohne Vorkochen
600 g Tomaten
50 g Pinienkerne
250 ml Gemüsebrühe
2 EL Balsamessig
ca. 200 g veganer Reibekäse

## Zubereitung

Kräuter waschen, trocken tupfen, Blättchen abzupfen und fein hacken.

Spinat verlesen, putzen, waschen und gut abtropfen lassen.

Schalotten und Knoblauch schälen, fein hacken und in einer Pfanne oder einem Topf in 2 EL heißem Olivenöl andünsten.

Spinat, Kräuter, Oliven und Cuisine dazugeben und 5 Minuten mitdünsten. Mit Salz, Pfeffer und Muskat würzen, ausdrücken und pürieren.

Die Spinat-Kräuter-Mischung mit einem Spritzbeutel in die Cannelloni füllen. Eine Auflaufform mit 1 EL Olivenöl einfetten und die Cannelloni hineinschichten.

Für die Pinien-Tomaten-Soße die Tomaten mit kochendem Wasser übergießen und nach etwa 3 Minuten herausnehmen. Tomaten häuten, halbieren, entkernen und klein schneiden.

Backofen auf 180 °C Umluft vorheizen. Pinienkerne in einer beschichteten Pfanne ohne Fett goldbraun rösten. Kleingeschnittene Tomaten dazugeben. Gemüsebrühe, Essig und restliche 2 EL Olivenöl zufügen und untermischen. Mit Salz und Pfeffer würzen. Die Soße über die Cannelloni gießen, sodass sie komplett bedeckt sind.

Käse darüberstreuen und im heißen Ofen ca. 30 Minuten überbacken.

Zubereitungszeit: ca. 1 1/2 Stunden
Backzeit: ca. 30 Minuten

Pro Person: 840 Kilokalorien | 20 g Eiweiß | 51 g Fett | 73 g Kohlenhydrate

# Spaghetti „bolognese“

## Zutaten für 4 Personen

je 1 Zweig Petersilie, Basilikum und Liebstöckel
1 kleine Chilischote
2 Knoblauchzehen
200 g Lopino®
oder Tofugranulat
1 Stange Lauch
1 rote Paprika
ca. 2 EL Olivenöl
2 EL Tomatenmark
1 kg vollreife pürierte Tomaten
1 EL Gemüsebrühe
2 TL Paprikapulver edelsüß
Salz und Pfeffer aus der Mühle
500 g Spaghetti
ca. 80 g veganer Parmesan (geröstete Pinienkerne und Hefeflocken zu gleichen Teilen püriert)

## Zubereitung

Kräuter waschen, trocken tupfen und Blättchen abzupfen. Chilischote waschen, halbieren und entkernen. Knoblauch schälen. Alles fein hacken.

Lopino® oder Tofugranulat mit einer Gabel zerbröseln.

Lauch putzen, waschen und sehr klein schneiden. Paprika waschen, halbieren, entkernen und ebenfalls klein schneiden.

Lopino® oder Tofu, Lauch, Knoblauch und Paprika im heißen Olivenöl anbraten, Tomatenmark einrühren und kurz mitbraten.

Tomaten hinzufügen und das Ganze mit Gemüsebrühe, Petersilie, Liebstöckel, Chili, Paprikapulver sowie Salz und Pfeffer würzen. Etwa 10 Minuten einkochen lassen und dabei ab und zu rühren. Zum Schluss das Basilikum hinzufügen.

In der Zwischenzeit Spaghetti in reichlich Salzwasser bissfest kochen. Abgießen und tropfnass mit der „Bolognese“ anrichten. Mit ein paar frischen Basilikumblättern und Parmesan garniert servieren.

Zubereitungszeit: ca. 30 Minuten

Pro Person: 720 Kilokalorien | 34 g Eiweiß | 19 g Fett | 100 g Kohlenhydrate

# Gemüsepotpourri mit Tofu und Reis

## Zutaten für 4 Personen

2 rote Zwiebeln
2 Knoblauchzehen
1/2 Chilischote
ca. 500 g Brokkoli
3 Möhren
4 Frühlingszwiebeln
2 rote Paprika
2–3 Zucchini
ca. 2 EL ungehärtetes Kokosfett
Salz
2 TL gehackter Koriander
200 g Reis
400 ml Gemüsebrühe
200 g Tofu
Pfeffer aus der Mühle

## Zubereitung

Zwiebeln und Knoblauch schälen und hacken. Chili waschen, halbieren, entkernen und hacken.

Gemüse putzen, waschen und in Röschen teilen bzw. würfeln. Möhren, Zwiebeln, Chili und Paprika in etwa 1 EL Kokosfett anbraten, nach etwa 5 Minuten restliches Gemüse und die Hälfte des Knoblauchs hinzufügen, salzen und in etwa 10 Minuten bissfest garen. Etwa 5 Minuten vor Ende der Garzeit Koriander hinzufügen.

In der Zwischenzeit den Reis in der Gemüsebrühe etwa 2 Minuten aufkochen, Herd dann abstellen und Reis etwa 10 Minuten weiterquellen lassen, bis die komplette Gemüsebrühe aufgenommen ist.

Tofu würfeln und in etwa 1 EL Kokosfett von allen Seiten etwa 8 Minuten goldbraun braten. Kurz vor Ende der Garzeit restlichen Knoblauch dazugeben, mit Salz und Pfeffer würzen. Tofu zum Gemüse geben, noch einmal mit Salz und Pfeffer abschmecken. Mit dem Reis servieren. Nach Wunsch etwas Koriander darüberstreuen.

Zubereitungszeit: ca. 45 Minuten

Pro Person: 440 Kilokalorien | 18 g Eiweiß | 17 g Fett | 53 g Kohlenhydrate

# Aufläufe

# Überbackene Kräuterkartoffeln

### Zutaten für 4 Personen

1 kg festkochende Kartoffeln
Salz
200 g Tofu
1 Zucchini
1 Paprika
10 Cherrytomaten
3 Knoblauchzehen
1 Zweig Thymian oder Rosmarin
1 Topf Basilikum
500 ml Cuisine (Hafer, Reis, Nuss oder Soja)
1 EL Kräuter der Provence
schwarzer Pfeffer aus der Mühle
Smoked Spanish Paprika (Gewürz siehe Seite 46)
200 g veganer Reibekäse

### Zubereitung

Kartoffeln schälen, waschen und in mundgerechte Stücke schneiden. Kartoffeln in gesalzenem Wasser 5 Minuten kochen und abgießen.

Backofen auf 175 °C Umluft vorheizen. Tofu würfeln. Zucchini und Paprika putzen, waschen und in mundgerechte Stücke schneiden. Tomaten waschen. Gemüse, Kartoffeln und Tofu mischen und in eine Auflaufform geben.

Knoblauch schälen und hacken. Thymian und Basilikum waschen, trocken schütteln und hacken. Thymian mit Cuisine und Kräutern der Provence in einem Topf vermischen. Mit Salz, Pfeffer und Smoked Spanish Paprika würzen und kurz aufkochen. Zum Schluss Basilikum zufügen.

Knoblauchsoße und den Reibekäse über dem Gemüse verteilen. Im heißen Ofen etwa 40 Minuten backen. Herausnehmen und nach Wunsch mit Basilikumblättchen bestreuen.

Zubereitungszeit: ca. 55 Minuten
Backzeit: ca. 40 Minuten

Pro Person: 620 Kilokalorien | 18 g Eiweiß | 39 g Fett | 44 g Kohlenhydrate

# Auberginenauflauf mit Tomatensoße und Wildreis

## Zutaten für 4 Personen

500 g reife Tomaten
4 große Auberginen
Salz
1 Zwiebel
3 Knoblauchzehen
je 1 EL frisches Basilikum und Oregano
15 schwarze entsteinte Oliven
8 EL Olivenöl
1 TL Kapern
schwarzer Pfeffer aus der Mühle
300 g veganer Parmesan (geröstete Pinienkerne und Hefeflocken zu gleichen Teilen)
200 g Wild- und Naturreis

## Zubereitung

Tomaten mit kochendem Wasser übergießen, etwa 3 Minuten ziehen lassen, abgießen, abschrecken, häuten und in grobe Stücke zerteilen. Stielansätze dabei entfernen.

Auberginen putzen, waschen, trocken tupfen und in 2–3 cm dicke Scheiben schneiden. Mit Salz bestreuen und etwa 1 Stunde ziehen lassen.

Zwiebel und Knoblauch schälen und hacken. Kräuter waschen, trocknen und fein hacken. Oliven vierteln.

Backofen auf 180 °C Umluft vorheizen. Auberginen trocken tupfen und in reichlich heißem Öl von beiden Seiten goldbraun braten. Herausnehmen. Zwiebeln und Knoblauch in dem Bratfett anbraten, Tomaten hinzufügen und bei mittlerer Hitze 5 Minuten garen. Herd ausschalten und Kräuter, Kapern und Oliven dazugeben. Mit Salz und Pfeffer würzen.

Eine Auflaufform fetten, Auberginen darin verteilen, Tomatensoße darübergießen. Mit Parmesan bestreuen und im heißen Ofen etwa 20 Minuten überbacken. Dabei aufpassen, dass der Parmesan nicht verbrennt.

Reis in leicht gesalzenem Wasser nach Packungsanweisung garen.

Auberginenauflauf mit Reis servieren.

Zubereitungszeit: ca. 60 Minuten
Backzeit: ca. 20 Minuten

Pro Person: 860 Kilokalorien | 34 g Eiweiß | 49 g Fett | 68 g Kohlenhydrate

# Blumenkohl-Romanesco-Auflauf

## Zutaten für 4 Personen

550 g festkochende Kartoffeln
Salz
400 g Blumenkohl
400 g Romanesco
200 g vegane Margarine
4 TL Zitronensaft
8 EL Vollkornmehl
120 ml Gemüsebrühe
200 ml Cuisine (Hafer, Reis, Mandel oder Soja)
schwarzer Pfeffer
1 TL Thymian
1 Prise Muskat
200 g veganer Reibekäse

## Zubereitung

Kartoffeln schälen, waschen und in Scheiben schneiden. Etwa 2 Minuten in Salzwasser blanchieren und abgießen.

Blumenkohl und Romanesco putzen, waschen und die Röschen abteilen. Etwa 10 Minuten in kochendem Salzwasser bissfest garen, mit den Kartoffeln vermischen und in eine gefettete Auflaufform geben.

Backofen auf 200 °C Umluft vorheizen. Für die Sauce „hollandaise" die Margarine schmelzen, Zitronensaft und Mehl unter ständigem Rühren hinzufügen und etwa 2 Minuten mitdünsten.

Gemüsebrühe und Cuisine nach und nach unterrühren und so lange köcheln lassen, bis die Soße dicklich wird. Mit Salz, Pfeffer, Thymian und Muskat würzen und über das Gemüse gießen.

Käse über den Auflauf streuen und im heißen Ofen etwa 30 Minuten goldbraun backen.

Zubereitungszeit: ca. 25 Minuten
Backzeit: ca. 30 Minuten

Pro Person: 810 Kilokalorien | 10 g Eiweiß | 60 g Fett | 53 g Kohlenhydrate

# Brokkoli-Möhren-Gratin

## Zutaten für 4 Personen

10 g getrocknete Steinpilze
80 ml Marsala
800 g festkochende Kartoffeln
200 g Zwiebeln
6 EL Olivenöl
50 g Vollkorndinkelmehl
300 ml Gemüsebrühe
400 ml Mandeldrink
400 g Möhren
150 g Champignons
ca. 500 g Brokkoli
3 EL Tomatenmark
1 Bund frischer Majoran
1 TL Chiliflocken
1 TL Paprika edelsüß
ca. 1/2 TL Salz
schwarzer Pfeffer aus der Mühle
200 g veganer Reibekäse

## Zubereitung

Getrocknete Steinpilze in Marsala etwa 15 Minuten einweichen.

Kartoffeln schälen, waschen und in mundgerechte Stücke schneiden. Zwiebeln schälen und hacken.

Öl in einem großen Topf erhitzen, Zwiebeln darin glasig dünsten. Mehl darübergeben und unter Rühren kurz mitbraten. Brühe und Mandeldrink nach und nach unter Rühren hinzufügen, bis die Flüssigkeit beginnt, dicklich zu werden.

Möhren und Champignons putzen und in Scheiben schneiden, Brokkoli putzen, waschen und in Röschen teilen. Steinpilze abgießen, Marsala auffangen und die Pilze fein hacken. Brokkoli, Kartoffeln, Möhren, Champignons, Steinpilze mit Marsala, Tomatenmark, Kräuter und Gewürze zur Flüssigkeit geben und etwa 7 Minuten köcheln lassen.

Backofen auf 200 °C Umluft vorheizen. Gemüse mit Salz und Pfeffer abschmecken, in eine eingeölte Auflaufform geben, mit dem Reibekäse bestreuen und etwa 30 Minuten goldbraun backen.

Zubereitungszeit: ca. 60 Minuten
Backzeit: ca. 30 Minuten

Pro Person: 600 Kilokalorien | 13 g Eiweiß | 31 g Fett | 56 g Kohlenhydrate

# Überbackene Enchiladas

## Zutaten für 4 Personen

3 Knoblauchzehen
3 Zwiebeln
2 Zucchini
2 Möhren
je 1 rote und gelbe Paprika
1 kleine Chilischote
oder 1 EL Chiliflocken
600 g reife Tomaten oder
Dosentomaten
2 EL ungehärtetes Kokosfett
1 Dose Mais
(285 g Abtropfgewicht)
1 Dose Kidneybohnen (285 g
Abtropfgewicht)
1 EL Kreuzkümmel
1 EL Kurkuma
Salz und Pfeffer aus der Mühle
1–2 EL vegane Salsasoße
oder Ketchup
8 große Tortillas
150 g veganer Joghurt
200 g veganer Reibekäse

## Zubereitung

Knoblauch und Zwiebeln schälen und fein hacken. Zucchini und Möhren putzen, waschen und würfeln. Paprika und Chilischote waschen, halbieren, entkernen und würfeln.

Tomaten mit kochendem Wasser übergießen, nach 3 Minuten abgießen, abschrecken, häuten, klein schneiden und dabei den Stielansatz entfernen.

Das Gemüse in einem großen Topf im heißen Kokosfett etwa 10 Minuten anbraten.

Mais und Kidneybohnen abgießen (Saft auffangen und beiseite stellen) und hinzufügen. Mit Kreuzkümmel, Kurkuma, Salz, Pfeffer und Salsasoße oder Ketchup würzen und 30 Minuten köcheln lassen. Wenn das Gemüse zu trocken werden sollte, etwas aufgefangenen Mais- und Kidneybohnensaft hinzufügen.

Backofen auf 200 °C Umluft vorheizen. Auflaufform(en) einfetten, etwas Gemüsemischung und Joghurt auf die Tortillas geben, aufrollen und in die Form(en) legen. Mit Reibekäse bestreuen und im heißen Ofen etwa 20 Minuten backen, bis der Käse goldbraun ist.

Zubereitungszeit: ca. 45 Minuten
Backzeit: ca. 20 Minuten

Pro Person: 680 Kilokalorien | 20 g Eiweiß | 31 g Fett | 73 g Kohlenhydrate

# Paprika-Mangold-Auflauf

## Zutaten für 4 Personen

600 g festkochende Kartoffeln
Salz
500 g Zucchini
100 g Möhren
1 rote Paprika
150 g Mangold
2 Knoblauchzehen
2 EL ungehärtetes Kokosfett
schwarzer Pfeffer aus der Mühle
1 EL Kräuter der Provence
300 ml Cuisine (Hafer, Reis, Mandel oder Soja)
100 g Cherrytomaten
200 g veganer Reibekäse

## Zubereitung

Kartoffeln schälen, waschen, in dünne Scheiben schneiden, etwa 2 Minuten in Salzwasser blanchieren und abgießen.

Zucchini und Möhren putzen, waschen und in Scheiben schneiden. Paprika waschen, halbieren, entkernen und in mundgerechte Stücke schneiden. Mangold putzen, waschen und in Streifen schneiden. Knoblauchzehen schälen und hacken.

Backofen auf 180 °C Umluft vorheizen. Zucchini und Möhren in Kokosfett von beiden Seiten anbraten, nach etwa 5 Minuten Paprika hinzufügen und 5 Minuten mitbraten. Gemüse herausnehmen und Mangold in derselben Pfanne 10 Minuten in Kokosfett dünsten. Knoblauch hinzufügen und 2 Minuten mitrösten.

Kartoffeln und restliches Gemüse untermischen, alles mit Salz, Pfeffer und Kräutern der Provence würzen und Cuisine unterrühren.

Tomaten waschen, halbieren und unter das Gemüse heben. Alles in einer gefetteten Auflaufform verteilen, mit Käse bestreuen und im heißen Ofen etwa 30 Minuten goldbraun backen.

Zubereitungszeit: ca. 50 Minuten
Backzeit: ca. 30 Minuten

Pro Person: 360 Kilokalorien | 6 g Eiweiß | 22 g Fett | 28 g Kohlenhydrate

# Reisauflauf Diavolo

## Zutaten für 4 Personen

200 g Reis
1 Zwiebel
1 Knoblauchzehe
1 Chilischote
300 g Lopino®
oder Sojagranulat
1 EL Olivenöl
Salz und Pfeffer aus der Mühle
je 1 TL Paprikapulver und Curry
3 EL Tomatenmark
1 Dose Kidneybohnen
(285 g Abtropfgewicht)
1 Dose Mais
(285 g Abtropfgewicht)
15 Cherrytomaten
200 ml Cuisine
(Hafer, Reis oder Soja)
200 g veganer Reibekäse

## Zubereitung

Reis in der doppelten Menge gesalzenem Wasser garen (kurz aufkochen und mit geschlossenem Deckel fertig quellen lassen, bis das ganze Wasser aufgesaugt ist).

Backofen auf 180 °C Umluft vorheizen. Zwiebel und Knoblauch schälen, Chilischote waschen, halbieren und entkernen. Alles hacken.

Granulat im heißen Öl anbraten. Mit Salz, Pfeffer, Paprikapulver und Curry würzen. Zwiebel, Knoblauch und Chili zum Granulat geben.

Tomatenmark unterrühren.

Kidneybohnen und Mais abtropfen lassen. Beides mit Cherrytomaten, Reis und Granulat gründlich vermischen und eventuell noch einmal abschmecken.

Alles in eine gefettete Auflaufform füllen. Cuisine und Käse auf dem Auflauf verteilen und im heißen Ofen etwa 30 Minuten backen, bis der Käse goldbraun ist.

Zubereitungszeit: ca. 20 Minuten
Backzeit: ca. 30 Minuten

Pro Person: 670 Kilokalorien | 24 g Eiweiß | 31 g Fett | 67 g Kohlenhydrate

# Bärlauch-Kartoffel-Gratin

## Zutaten für 4 Personen

700 g festkochende Kartoffeln
1 große Zwiebel
1 EL Olivenöl
4 getrocknete Tomaten
200 g Bärlauch
500 ml Cuisine (Hafer, Reis, Mandel oder Soja)
Salz und schwarzer Pfeffer aus der Mühle
Muskat
200 g veganer Reibekäse

## Zubereitung

Kartoffeln schälen, waschen, in dünne Scheiben schneiden und etwa 2 Minuten kochen. Abgießen und abtropfen lassen.

Zwiebel schälen, hacken und im heißen Öl andünsten. Beiseitestellen.

Backofen auf 200 °C Umluft vorheizen. Getrocknete Tomaten klein schneiden. Bärlauch waschen, trocken schütteln und hacken. Mit den Kartoffeln und den getrockneten Tomaten mischen und in eine gefettete Auflaufform geben.

Cuisine mit Salz, Pfeffer, Muskat, Zwiebel und Käse verrühren und über dem Gratin verteilen. Im heißen Ofen etwa 30 Minuten backen, bis der Käse goldgelb ist.

Zubereitungszeit: ca. 50 Minuten
Backzeit: ca. 30 Minuten

Wen man keinen Bärlauch bekommt, schmeckt das Gratin auch mit **Lauch**. Dafür den Lauch putzen, waschen und in Ringe schneiden. Dann wie im Rezept beschrieben weiterverarbeiten.

Pro Person: 510 Kilokalorien | 8 g Eiweiß | 37 g Fett | 37 g Kohlenhydrate

# Zucchini-„Mozzarella“-Gratin

## Zutaten für 4 Personen

1 Bund Petersilie
1 Bund Basilikum
1 TL Oregano
1 Bund Majoran
4 Knoblauchzehen
400 g Tomatenpüree
2 TL Salz
schwarzer Pfeffer aus der Mühle
1 TL Chiliflocken
700 g Zucchini
ca. 400 g veganer Mozzarella (gekauft oder selbst gemacht, siehe Seite 15)
Mehl
6 EL Olivenöl

## Zubereitung

Kräuter putzen und fein hacken. Knoblauch schälen und fein hacken. Mit dem Tomatenpüree vermischen und mit Salz, Pfeffer und Chili würzen.

Zucchini putzen, waschen und längs in etwa 1 cm dicke Scheiben schneiden. Mozzarella ebenfalls in Scheiben schneiden.

Zucchini in Mehl wenden, im heißen Olivenöl von jeder Seite goldbraun braten und anschließend auf Küchenpapier abtropfen lassen. Mozzarella in Scheiben schneiden.

Backofen auf 180 °C Umluft vorheizen. Die Hälfte des Tomatenpürees in eine Auflaufform geben und die Hälfte der Zucchinischeiben darauflegen. Restliches Tomatenpüree darüber verteilen und mit den übrigen Zucchinischeiben bedecken. Ganz obenauf kommt der in Scheiben geschnittene Mozzarella.

Auflauf im heißen Ofen etwa 20 Minuten backen, bis der Mozzarella goldbraun ist.

Zubereitungszeit: ca. 50 Minuten
Backzeit: ca. 35 Minuten

Pro Person: 410 Kilokalorien | 14 g Eiweiß | 27 g Fett | 25 g Kohlenhydrate

# Kartoffel-Pfifferling-Gratin

## Zutaten für 4 Personen

500 g festkochende Kartoffeln
Salz
1 Zwiebel
1 Knoblauchzehe
je 1 Zweig Majoran und Oregano
1 Möhre
1 Petersilienwurzel
1 Stange Lauch
400 g Pfifferlinge
5 EL Olivenöl
Salz und Pfeffer aus der Mühle
1 EL Vollkorndinkelmehl
150 ml Gemüsebrühe
400 ml Mandeldrink
80 ml süßer Marsala

## Zubereitung

Kartoffeln schälen, waschen in Scheiben schneiden und in kochendem Salzwasser etwa 10 Minuten bissfest garen.

In der Zwischenzeit Zwiebel und Knoblauch schälen und hacken. Kräuter waschen, trocken schütteln und fein hacken. Möhre, Petersilienwurzel und Lauch waschen, putzen und in mundgerechte Stücke schneiden.

Pfifferlinge waschen, gut abtropfen lassen, putzen und je nach Größe etwas klein schneiden. Pilze in 2 EL heißem Öl 3–4 Minuten kräftig anbraten. Mit Salz und Pfeffer würzen.

Backofen auf 180 °C Umluft vorheizen. Zwiebel und Knoblauch im restlichen heißen Öl anbraten, das Mehl unter Rühren mit anschwitzen. Gemüsebrühe und Kräuter dazugeben und aufkochen lassen. Gemüse hinzufügen und etwa 5 Minuten mitkochen, bis die Flüssigkeit verkocht ist. Salzen und pfeffern.

Kartoffeln mit Gemüse und Pfifferlingen mischen und in eine gefettete Auflaufform füllen. Mandeldrink und Marsala vermischen, salzen und pfeffern. Über die Kartoffeln gießen und im heißen Ofen etwa 30 Minuten backen.

Zubereitungszeit: ca. 60 Minuten
Backzeit: ca. 30 Minuten

Pro Person: 290 Kilokalorien | 6 g Eiweiß | 16 g Fett | 28 g Kohlenhydrate

# Gnocchetti-Pilz-Auflauf

### Zutaten für 4 Personen

400 g gemischte Pilze
2 Schalotten
2 Knoblauchzehen
3 getrocknete Tomaten
2 EL ungehärtetes Kokosfett
500 g Bärlauch-Gnocchetti
Salz und schwarzer Pfeffer aus der Mühle
200 ml Cuisine (Hafer, Reis, Nuss oder Soja)
1 Bund Petersilie

### Zubereitung

Backofen auf 180 °C Umluft vorheizen. Pilze putzen und in Scheiben schneiden, Schalotten und Knoblauchzehen schälen und hacken. Getrocknete Tomaten klein schneiden.

Schalotten und Knoblauch im heißen Kokosfett glasig dünsten. Pilze, Gnocchetti und Tomaten zugeben und etwa 5 Minuten mitbraten. Mit Salz und Pfeffer würzen.

Alles in eine gefettete Auflaufform geben. Cuisine darübergießen und im heißen Ofen etwa 20 Minuten garen.

Petersilie waschen, trocken schütteln und die Blättchen abzupfen. Auflauf aus dem Ofen nehmen und mit Petersilie garnieren und servieren.

Zubereitungszeit: ca. 30 Minuten
Backzeit: ca. 20 Minuten

**Knoblauch** gehört zu den ältesten Heilpflanzen. Im alten Ägypten stopfte man wegen seiner antiseptischen Wirkung manchmal Mumien mit Knoblauch aus. Dieses Liliengewächs würzt und kann bei Blutdruck-, Leber-, Galle- und Durchblutungsproblemen helfen und den Cholesterinspiegel senken.

Pro Person: 350 Kilokalorien | 9 g Eiweiß | 21 g Fett | 31 g Kohlenhydrate

# Pizza

**Bärlauch** ist ein wunderbares Gemüse. Nicht nur pfundsgesund und lecker, sondern auch leicht anzubauen. Ich habe vor Jahren ein Pflänzchen in eine schattige Ecke unseres Gartens gepflanzt, und seitdem hat der Bärlauch sich tüchtig vermehrt. Und das im kühlen Siegerland!

# Bärlauchpizza

## Zutaten für 4 Personen

1 Päckchen Trockenbackhefe
1 Prise Vollrohrzucker
180 ml lauwarmes Wasser
ca. 500 g Vollkorndinkelmehl (Type 630)
Salz
1 EL getrocknete Kräuter der Provence
ca. 4 EL Olivenöl
150 g Bärlauch
2 Zwiebeln
100 g Cherrytomaten
Pfeffer aus der Mühle
200 g veganer Reibekäse

## Zubereitung

Hefe zusammen mit Vollrohrzucker in 180 ml warmem Wasser auflösen und zunächst locker mit dem Mehl verrühren, dann etwa 5 Minuten gründlich kneten. Zugedeckt etwa 30 Minuten an einem warmen Ort gehen lassen.

Salz, Kräuter der Provence und 2 EL Olivenöl zum Teig geben und noch einmal kräftig durchkneten. Eine Rolle daraus formen und zugedeckt etwa 30 Minuten an einem warmen Ort gehen lassen.

Teig in 4 gleich große Stücke teilen und jedes Stück zu einer Kugel formen. Diese mit etwas Mehl bestäuben und noch einmal 15 Minuten gehen lassen.

Bärlauch waschen und trocken tupfen. Zwiebeln schälen und in Ringe schneiden.

Tomaten waschen und in dünne Scheiben schneiden.

Backofen auf 220 °C Umluft vorheizen, Kugeln jeweils rund ausrollen. Jeweils 2 Pizzen auf ein gefettetes Backblech legen. Mit etwas Olivenöl bestreichen und mit Bärlauch, Tomaten und Zwiebeln belegen. Mit Salz und Pfeffer würzen. Den Bärlauch komplett mit veganem Käse abdecken, sonst verbrennt er. Pizzen im heißen Ofen auf der mittleren Schiene etwa 15 Minuten knusprig backen.

Zubereitungszeit: ca. 55 Minuten
Ruhezeit: ca. 65 Minuten
Backzeit: ca. 15 Minuten

Pro Person: 640 Kilokalorien | 18 g Eiweiß | 25 g Fett | 82 g Kohlenhydrate

# Mangoldpizza

## Zutaten für 4 Personen

Für den Teig:
1 Päckchen Trockenhefe
1/2 TL Agavendicksaft
1/8 l warmes Wasser
250 g Vollkorndinkelmehl (Type 630)
4 EL Olivenöl
1/2 TL Salz

Für den Belag:
1 rote Paprika
500 g reife Tomaten
1 kg Mangold
3 Zwiebeln
2 Knoblauchzehen
Salz und schwarzer Pfeffer aus der Mühle
Muskat
200 g veganer Reibekäse

## Zubereitung

Hefe und Agavendicksaft in 1/8 l warmem Wasser auflösen.

Mehl, Öl, Salz und Hefelösung gründlich verkneten, bis der Teig geschmeidig ist und nicht mehr an den Händen klebt. Zugedeckt etwa 30 Minuten an einem warmen Ort gehen lassen.

In der Zwischenzeit Backofen auf 220 °C Umluft vorheizen. Paprika waschen halbieren, entkernen, waschen und in Stücke schneiden. Tomaten waschen und in Scheiben schneiden. Mangold putzen, waschen und klein schneiden.

Zwiebeln und Knoblauch schälen und hacken. Zusammen mit Mangold und Paprika in einer Pfanne dünsten. Kräftig mit Salz, Pfeffer und Muskat abschmecken.

Teig auf einem gefetteten Backblech ausrollen und mit Tomaten belegen. Mangoldmischung und Käse darüber verteilen und im heißen Ofen auf der mittleren Schiene etwa 20 Minuten backen. Dazu passt gemischter Salat.

Zubereitungszeit: ca. 55 Minuten
Ruhezeit: ca. 30 Minuten
Backzeit: ca. 20 Minuten

Wenn Sie das Gemüse mit ein wenig **Kümmel** abschmecken, wird es etwas bekömmlicher.

Pro Person: 520 Kilokalorien | 14 g Eiweiß | 24 g Fett | 56 g Kohlenhydrate

# Pizza „Diavolo"

### Zutaten für 4 Personen

Für den Teig:
400 g Vollkorndinkelmehl (Type 630)
1 Päckchen Trockenbackhefe
1 EL Olivenöl
1 TL Salz
1 Prise Vollrohrzucker
215 ml warmes Wasser

Für die Soße:
400 g Tomaten (frisch oder aus der Dose)
2 Knoblauchzehen
2 TL Olivenöl
1 EL Tomatenmark
Salz und Pfeffer aus der Mühle
je 1 TL Chiliflocken, Basilikum und Thymian

Für den Belag:
1 rote, gelbe und grüne Paprika
1 EL Olivenöl
1/2 TL Salz
schwarzer Pfeffer aus der Mühle
250 g veganer Mozzarella (gekauft oder selbst gemacht, siehe Rezept Seite 15)
6 eingelegte scharfe Peperoni

### Zubereitung

Mehl in eine Schüssel geben. Hefe, Olivenöl, Salz, Vollrohrzucker und 215 ml warmes Wasser vermischen, zum Mehl hinzufügen und alles kräftig miteinander verkneten. Eine Kugel formen und mit Mehl bestäubt zugedeckt an einem warmen Ort etwa 40 Minuten gehen lassen.

In der Zwischenzeit frische reife Tomaten mit kochendem Wasser übergießen, 3 Minuten ziehen lassen, abgießen, abschrecken, häuten und den Stielansatz entfernen. (Bei Dosentomaten fällt dies weg.)

Knoblauch schälen, hacken und im heißen Öl anbraten. Tomatenmark kurz mitbraten, dann Tomaten hinzufügen. Etwa 10 Minuten köcheln lassen und mit Salz, Pfeffer, Chili und Kräutern abschmecken.

Backofen auf 220 °C Umluft vorheizen. Paprika waschen, halbieren, entkernen und in Streifen schneiden. Mozzarella in Scheiben schneiden.

Teig auf einem gefetteten Backblech ausrollen. Mit der Soße bestreichen. Paprika und Peperoni darauf verteilen. Mit Mozzarella belegen. Im heißen Ofen auf der mittleren Schiene etwa 15–20 Minuten knusprig backen, bis der Mozzarella bräunlich wird.

Zubereitungszeit: ca. 55 Minuten
Ruhezeit: ca. 45 Minuten
Backzeit: 15–20 Minuten

Pro Person: 500 Kilokalorien | 18 g Eiweiß | 17 g Fett | 78 g Kohlenhydrate

# Rucolapizza mit gerösteten Pinienkernen

## Zutaten für 4 Personen

Für den Teig:
1 Päckchen Trockenbackhefe
1 TL Salz
300 ml warmes Wasser
500 g Vollkorndinkelmehl (Type 630)
2 EL Olivenöl

Für den Belag:
400 g passierte Tomaten
je 1 EL Basilikum und Oregano
Salz und schwarzer Pfeffer aus der Mühle
80 g Pinienkerne
2 Knoblauchzehen
200 g Cherrytomaten
2 TL Olivenöl
1 Bund Rucola
200 g veganer Reibekäse

## Zubereitung

Für den Teig die Hefe mit Salz im warmen Wasser auflösen und mit Mehl und Olivenöl zunächst locker vermischen und dann mindestens 5 Minuten gründlich durchkneten.

Den Teig zu einer Rolle formen, mit Mehl bestäuben und abgedeckt etwa 40 Minuten an einem warmen Ort gehen lassen.

In der Zwischenzeit passierte Tomaten mit Kräutern, Salz und Pfeffer abschmecken. Pinienkerne in einer beschichteten Pfanne ohne Fett goldbraun rösten.

Knoblauch schälen und hacken. Cherrytomaten waschen, vierteln, in eine Schüssel geben und den Knoblauch dazugeben. Öl zufügen und mit Salz und Pfeffer abschmecken. Rucola waschen, trocken schütteln und die Stiele abschneiden.

Backofen auf 220 °C Umluft vorheizen. Teig in 4 gleich große Portionen teilen und zu Kugeln formen. Kugeln jeweils rund ausrollen. Jeweils 2 Pizzakugeln auf einem gefetteten Blech zu Kreisen ausrollen, mit der Pizzasoße bestreichen und mit dem Käse bestreuen. Im heißen Ofen auf der mittleren Schiene 15–20 Minuten knusprig backen.

Pizzen aus dem Ofen nehmen und das Tomaten-Rucola-Gemisch darauf verteilen. Pinienkerne darüberstreuen. Sofort servieren.

Zubereitungszeit: ca. 55 Minuten
Ruhezeit: ca. 45 Minuten
Backzeit: 15–20 Minuten

Pro Person: 840 Kilokalorien | 23 g Eiweiß | 31 g Fett | 110 g Kohlenhydrate

# Pizza mit getrockneten Tomaten und Oliven

## Zutaten für 4 Personen

Für den Teig:
1 Päckchen Trockenbackhefe
1 TL Salz (10 g)
300 ml warmes Wasser
500 g Vollkorndinkelmehl (Type 630)
2 EL Olivenöl

Für den Belag:
400 g passierte Tomaten
je 1 EL gehacktes Basilikum und Oregano
1/2 TL Salz
schwarzer Pfeffer aus der Mühle
1 Knoblauchzehe
80 g Pinienkerne
ca. 24 getrocknete Tomaten
ca. 35 schwarze Oliven
200 g veganer Reibekäse

## Zubereitung

Für den Teig die Hefe mit Salz im warmen Wasser auflösen, mit Mehl und Olivenöl zunächst locker vermischen und dann mindestens 5 Minuten gründlich durchkneten.

Den Teig zu einer Kugel formen, mit Mehl bestäuben und abgedeckt etwa 40 Minuten an einem warmen Ort gehen lassen.

Backofen auf 220 °C Umluft vorheizen. Passierte Tomaten mit Kräutern, Salz und Pfeffer abschmecken. Knoblauchzehe schälen und hacken. Pinienkerne in einer beschichteten Pfanne ohne Fett rösten. Getrocknete Tomaten in Streifen schneiden.

Teig auf einem gefetteten Blech ausrollen, mit der Tomatensoße bestreichen. Mit Knoblauch, Pinienkernen, getrockneten Tomaten und Oliven belegen und mit dem Käse bestreuen. Im heißen Ofen auf der mittleren Schiene 15–20 Minuten knusprig backen. Eventuell noch einmal mit Salz und Pfeffer würzen und sofort servieren.

Zubereitungszeit: ca. 55 Minuten
Ruhezeit: ca. 40 Minuten
Backzeit: 15–20 Minuten

Pro Person: 850 Kilokalorien | 26 g Eiweiß | 38 g Fett | 95 g Kohlenhydrate

# Spinatpizza

## Zutaten für 4 Personen

Für den Teig:
1 Päckchen Trockenbackhefe
1 TL Salz (10 g)
300 ml warmes Wasser
500 g Vollkorndinkelmehl (Type 630)
2 EL Olivenöl

Für den Belag:
400 g passierte Tomaten
je 1 EL Basilikum und Oregano
1/2 TL Salz
schwarzer Pfeffer aus der Mühle
80 g Pinienkerne
100 g Cherrytomaten
500 g Blattspinat
3 Knoblauchzehen
1 Zwiebel
3 EL Olivenöl
125 ml Cuisine (Hafer, Reis, Mandel oder Soja)
Salz und schwarzer Pfeffer aus der Mühle
1 Prise Muskat
200 g veganer Reibekäse

## Zubereitung

Für den Teig die Hefe mit Salz im warmen Wasser auflösen, mit Mehl und Olivenöl zunächst locker vermischen und dann mindestens 5 Minuten gründlich durchkneten.

Den Teig zu einer Kugel formen, mit Mehl bestäuben und abgedeckt etwa 40 Minuten an einem warmen Ort gehen lassen.

In der Zwischenzeit Backofen auf 220 °C Umluft vorheizen. Passierte Tomaten mit Kräutern, Salz und Pfeffer abschmecken. Pinienkerne in einer beschichteten Pfanne ohne Fett goldbraun rösten. Cherrytomaten waschen und halbieren.

Spinat verlesen, waschen und gut abtropfen lassen. Knoblauch und Zwiebel schälen, hacken und im Olivenöl andünsten. Spinat dazugeben und etwa 5 Minuten mitdünsten. Cuisine hinzufügen und kurz erhitzen. Zum Schluss mit Salz, Pfeffer und Muskat abschmecken.

Teig auf einem gefetteten Backblech ausrollen und Tomatensoße darauf verstreichen. Mit Tomaten und Spinatmasse belegen und mit Käse bestreuen. Im heißen Ofen auf der mittleren Schiene 15–20 Minuten knusprig backen.

Zubereitungszeit: ca. 55 Minuten
Ruhezeit: ca. 40 Minuten
Backzeit: 15–20 Minuten

Pro Person: 920 Kilokalorien | 28 g Eiweiß | 43 g Fett | 97 g Kohlenhydrate

# Mais-Paprika-Pizza

## Zutaten für 4 Personen

Für den Teig:
1 Päckchen Trockenbackhefe
1 TL Salz (10 g)
300 ml warmes Wasser
500 g Vollkorndinkelmehl (Type 630)
2 EL Olivenöl

Für den Belag:
400 g passierte Tomaten
je 1 EL gehacktes Basilikum und Oregano
1/2 TL Salz
schwarzer Pfeffer aus der Mühle
200 g Cherrytomaten
je 1 rote, gelbe und grüne Paprika
1 kleine Dose Mais (ca. 285 g Abtropfgewicht)
200 g veganer Reibekäse

## Zubereitung

Für den Teig die Hefe mit Salz im warmen Wasser auflösen und mit Mehl und Olivenöl zunächst locker vermischen und dann mindestens 5 Minuten gründlich durchkneten.

Den Teig zu einer Kugel formen, mit Mehl bestäuben und abgedeckt etwa 40 Minuten an einem warmen Ort gehen lassen.

Passierte Tomaten in eine Schüssel geben und mit Kräutern, Salz und Pfeffer abschmecken.

Backofen auf 220 °C Umluft vorheizen. Tomaten waschen und halbieren. Paprika waschen, halbieren, entkernen und in Streifen schneiden. Mais gut abtropfen lassen.

Teig auf einem gefetteten Blech ausrollen und mit der Tomatensoße bestreichen. Mit Tomaten, Paprika und Mais belegen und mit dem Käse bestreuen. Im heißen Ofen auf der mittleren Schiene 15–20 Minuten knusprig backen.

Herausnehmen, eventuell noch einmal mit Salz und Pfeffer würzen und sofort servieren.

Zubereitungszeit: ca. 55 Minuten
Ruhezeit: ca. 40 Minuten
Backzeit: 15–20 Minuten

Pro Person: 740 Kilokalorien | 24 g Eiweiß | 21 g Fett |107 g Kohlenhydrate

Wer sich vor der Zubereitung eines Hefeteigs scheut, kann stattdessen auch einen **Ölteig** herstellen. Dafür 350 g Vollkorndinkelmehl in eine Schüssel geben.
3 EL Olivenöl, 9 EL Wasser, 1 TL Kräuter der Provence, Salz und Pfeffer aus der Mühle zugeben. Alles miteinander verkneten und eine Kugel formen. Sollte der Teig zu trocken werden und nicht zusammenkleben, nach und nach mehr Öl hinzufügen, bis er hält. Ansonsten genauso verfahren wie mit der Hefeteigpizza.

# Bezugsquellen

Man bekommt eine große Auswahl veganer Lebensmittel in Bioläden und Reformhäusern. Manche Produkte sind auch in konventionellen Supermärkten erhältlich. Diese Liste der Veganshops ist nur eine Auswahl. Bei einigen kann nur direkt eingekauft, bei anderen auch im Internet bestellt werden, deshalb besser erst anrufen oder eine Mail schicken, bevor man sich auf den Weg macht.

## Vegane Geschäfte und Versandhäuser

### Deutschland

www.sojapost.de
Edelstraße 79b · 02953 Groß Düben
OT Halbendorf
Tel: 035773 73217 · Fax: 035773 73253
E-Mail: sojapost@gmx.de

www.veganic.de
Veganic Bikopi GmbH
Brunnenstraße 56 · 13355 Berlin
Tel: 030 49853090
E-Mail: info@veganic.de

www.veganz.de
Schivelbeiner Straße 34 · 10439 Berlin
Tel: 030 44036048 · Fax: 030 44036049
E-Mail: kontakt@veganz.de

www.vasconuevo.de
Eppendorfer Landstraße 100 · 20249 Hamburg
Tel: 040 477364 · Fax: 040 46863597,
E-Mail: davidmeister@vasconuevo.de
www.veganbasics.de
Am Kiel-Kanal 2 · 24106 Kiel
Tel: 0431 97997400 · Fax: 0431 97997409
E-Mail: service@veganbasics.de

www.veganothek.de
Zollstock 32 · 35633 Lahnau
Tel: 06441 5697870 · Fax: 06441 5697880
E-Mail: info@veganothek.de

www.vegan-total.de
An der Röthe 8 · 36145 Hofbieber
Tel: 06657 9141613
E-Mail: kontakt@vegan-total.de

www.vegilicious-shop.de
Vegilicious Veggie Shop
Bissenkamp 11–13 · 44135 Dortmund
Tel: 0231 28212241
E-Mail: info@veganwondercake.de

www.vegan-wonderland.de
Dorstelmannstraße 8 · 44137 Dortmund
Tel: 0231 3956606
E-Mail: info@veganwonderland.de

www.pureraw.de
Koppelsweg 7 · 50127 Bergheim
Tel: 02271 4859179
E-Mail: info@pureraw.de

www.smilefood.de
Kalscheurener Straße 19 · 50354 Hürth
Tel: 02233 692533 · Fax: 02233 692334
E-Mail: info@smilefood.de

www.biovegan.de
Krugbäckerstraße 12
56235 Ransbach-Baumbach
Tel: 02623 92680 · Fax: 02623 926812
E-Mail: info@biovegan.de

www.alberts-tofuhaus.de
Albert Hess GmbH
Bahnhofstraße 29 · 67305 Ramsen
Tel: 06351 126520 · Fax: 06351 126521
E-Mail: info@purvegan.de

www.radixversand.de
Werinherstraße 48 · 81541 München
Tel: 089 12477811 · Fax: 089 12477810
E-Mail: info@radixversand.de

www.alles-vegetarisch.de
An der alten Naab 9 · 92507 Nabburg
Tel: 09433 20413100 · Fax: 09433 20413199
E-Mail: info@alles-vegetarisch.de

www.vegan-island.com
Schwalbenneststraße 2 · 93051 Regensburg
Tel: 0175 9031959
E-Mail: shop@vegan-island.com

## Österreich

www.veganversand-lebensweise.at
Veganversand Lebensweise
Fuchsberg 15 · A-3062 Kirchstetten
Tel: 0043 2743 88211 · Fax: 0043 2743 88214
E-Mail: veganversand@aon.at

www.veganbag.at
Au 9 · A-4631 Pichl b. Wels
E-Mail: office@veganbag.at

www.verival.at
Vita + Naturprodukte GmbH
Sportplatzweg 7 · A-6336 Langkampfen
Tel: 0043 5332 75654
Fax: 0043 5332 7565480
E-Mail: info@verival.at

www.veganversand.at
Vegourmet Vegan-Versand
Büro:
Glatzegg 298 · A-6942 Krumbach
Shop/Lager
Mühle 508 · A-6863 Egg
Tel: 0043 699 10043440
E-Mail: info@veganversand.at

## Schweiz

www.larada.org
Larada Genossenschaft
Aarmattweg 53
CH-3052 Zollikofen
Tel: 0041 31 9928182
Fax: 0041 31 9116800

www.bliib-gsund-versand.ch
Bliib Gsund Natur-Versand AG
Rheinstrasse 18
CH-4127 Birsfelden
Tel: 0800 887700
Tel. international: 0041 614221507
Fax: 0800 887709
Fax international: 0041 614221596
E-Mail: info@bliib-gsund-versand.ch

www.gsundundguet.ch
GSUND & GUET frei Haus
Postfach 182 · CH-8952 Schlieren
Tel & Fax: 0041 44 7311411
E-Mail: info@gsundundguet

www.vegusto.ch
Vegi-Service AG
Bahnhofstrasse 52
CH-9315 Neukirch (Egnach)
Tel: 0041 71 4700404
Fax: 0041 71 4700439
E-Mail: kontakt@vegi-service.ch

# Register

Foto: Nicola van Ravenstein

# Impressum

avBUCH im Cadmos Verlag

Gestaltung und Satz: Ravenstein, Verden
Lektorat: Regina Rautenberg

Coverfoto: André Chales de Beaulieu
Fotos im Innenteil: wenn nicht anders angegeben André Chales de Beaulieu

Druck: Westermann Druck, Zwickau

Deutsche Nationalbibliothek – CIP-Einheitsaufnahme
Die Deutsche Nationalbibliothek verzeichnet diese Publikation in der Deutschen Nationalbibliografie; detaillierte bibliografische Daten sind im Internet über http://dnb.ddb.de abrufbar.



Printed in Germany

ISBN: 978-3-8404-7016-5